Estudos CEDOUA

PLANIFICAÇÃO SEM PLANOS

ESTUDO SOBRE ALGUMAS FIGURAS PLANIFICATÓRIAS
DE NATUREZA URBANÍSTICA NÃO DESIGNADAS
EX PROFESSO PELA LEI COMO PLANOS

Estudos CEDOUA

PAULA CÂNDIDA PEREIRA MORAIS
Arquitecta

PLANIFICAÇÃO SEM PLANOS

ESTUDO SOBRE ALGUMAS FIGURAS PLANIFICATÓRIAS
DE NATUREZA URBANÍSTICA NÃO DESIGNADAS
EX PROFESSO PELA LEI COMO PLANOS

*Trabalho individual relativo ao Curso
de Pós-graduação em Direito do Ordenamento,
do Urbanismo e do Ambiente, do CEDOUA
Coimbra, ano lectivo de 2002/2003*

ALMEDINA

Estudos CEDOUA
PLANIFICAÇÃO SEM PLANOS
ESTUDO SOBRE ALGUMAS FIGURAS PLANIFICATÓRIAS
DE NATUREZA URBANÍSTICA NÃO DESIGNADAS
EX PROFESSO PELA LEI COMO PLANOS

AUTORA
PAULA CÂNDIDA PEREIRA MORAIS

EDITOR
EDIÇÕES ALMEDINA, SA
Rua da Estrela, n.º 6
3000-161 Coimbra
Tel.: 239 851 904
Fax: 239 851 901
www.almedina.net
editora@almedina.net

PRÉ-IMPRESSÃO • IMPRESSÃO • ACABAMENTO
G.C. – GRÁFICA DE COIMBRA, LDA.
Palheira – Assafarge
3001-453 Coimbra
producao@graficadecoimbra.pt

Julho, 2006

DEPÓSITO LEGAL
244249/06

Os dados e as opiniões inseridos na presente publicação
são da exclusiva responsabilidade do(s) seu(s) autor(es).

Toda a reprodução desta obra, por fotocópia ou outro qualquer processo,
sem prévia autorização escrita do Editor,
é ilícita e passível de procedimento judicial contra o infractor.

> *"Maintenant, nous avons tracé en pensée un plan d'urbanisation. Mais en realité, ce serait une peine perdue et une profusion de desseins inutiles, s'il n'existait pas pour soutenir notre project une legislation urbaine correspondant aux données de notre plan."*
>
> ETIENNE DE GRÖER, 1945 *

---

* *Apud* FERNANDO GONÇALVES, "*Evolução Histórica do Direito do Urbanismo em Portugal (1851-1988)*", in "*Direito do Urbanismo*", Coord. DIOGO FREITAS DO AMARAL, 2.ª ed., Oeiras, Instituto Nacional de Administração, 1990, p. 226.

ÍNDICE

ÍNDICE...	7
NOTA PRÉVIA..	9
AGRADECIMENTOS...	11
NOTA EXPLICATIVA...	13
INTRODUÇÃO...	15
Delimitação do tema de estudo	15
Enquadramento da planificação urbanística na actividade de planificação geral.......	18
A planificação urbanística como uma tarefa ou função pública	18
A participação dos particulares nos procedimentos de planificação urbanística	22
Planificação urbanística e gestão urbanística...	26
Planificação urbanística e planificação territorial	29
A multiplicidade de planos	29
Conceito de plano..	31
O plano urbanístico	31
O princípio da tipicidade dos planos...	38
O princípio da tipicidade como limite à discricionaridade	38
A tipificação de algumas características dos planos	41
A excepção das modalidades simplificadas de planos de pormenor	43
Outros planos relativos à ocupação, uso e transformação do solo	45
FIGURAS PLANIFICATÓRIAS DE NATUREZA URBANÍSTICA NÃO EXPRESSAMENTE DESIGNADAS COMO PLANOS PELA LEI..........	49
Enquadramento da planificação sem planos na planificação urbanística	49
Planificação informal	49
Planificação contínua	53
Planificação sem planos	54
Reflexões sobre algumas figuras planificatórias de natureza urbanística não designadas *ex professo* pela lei como planos...	55
Áreas de Desenvolvimento Urbano Prioritário (ADUP)	55

Áreas de Construção Prioritária (ACP)... 59
Loteamentos Urbanos (LU) 59
Conjuntos Turísticos (CT)... 63
Parques Industriais (PI) 66
Áreas de Localização Empresarial (ALE).. 68
Outras figuras planificatórias de natureza urbanística não formalmente designadas como planos.. 71

CONCLUSÕES... 73

REFERÊNCIAS BIBLIOGRÁFICAS 77

NOTA PRÉVIA

Nos termos do Regulamento do Curso de Pós-Graduação em Direito do Ordenamento, do Urbanismo e do Ambiente – cuja XI edição decorre no ano lectivo de 2005/2006 – ministrado pelo Centro de Estudos de Direito do Ordenamento do Urbanismo e do Ambiente (CEDOUA), depois da aprovação em todas as disciplinas, os auditores poderão apresentar, até ao fim do ano lectivo seguinte, um trabalho individual sobre um tema, escolhido pelo autor, compreendido no âmbito das matérias leccionadas. Um tal trabalho é apreciado por um júri constituído por três professores do Curso e discutido oralmente com o autor, dando a aprovação no mesmo direito a *menção especial* no Certificado do Curso de Pós-Graduação.

O primeiro trabalho apresentado como remate da conclusão do Curso de Pós-Graduação do CEDOUA tem como autora a Senhora Arquitecta Paula Morais, com o título *"Planificação sem Planos – Estudo sobre Algumas Figuras Planificatórias de Natureza Urbanística não Designadas Ex Professo pela Lei como Planos"*, tendo o mesmo sido apreciado e discutido do dia 10 de Dezembro de 2004.

É o trabalho da Senhora Arquitecta Paula Morais que o CEDOUA tem a honra, agora, de publicar, inaugurando, assim, uma Série de *"Estudos CEDOUA"*, justamente destinada a dar a conhecer ao público e a submeter ao seu juízo crítico os trabalhos de mérito de conclusão do Curso de Pós-Graduação do CEDOUA.

Trata-se de um estudo que se alicerça numa investigação cuidada e rigorosa e que apresenta elevados méritos científicos, cuja publicação se reveste de grande utilidade para todos os estudiosos e aplicadores do direito do urbanismo.

Coimbra, Maio de 2006

O Presidente do Conselho Directivo do CEDOUA
(Prof. Doutor Fernando Alves Correia)

AGRADECIMENTOS

Somente quem realiza o empreendimento de escrever uma dissertação no âmbito de uma área do conhecimento na qual é apenas *viajante* sabe que as palavras contidas nos agradecimentos não são simples gentilezas para agradar às pessoas que rodeiam o autor, mas sim sinceros votos de quem sabe que sem o apoio, a compreensão, o incentivo, o conhecimento e a vontade dos outros, não seria possível chegar ao fim da sua aventura. Assim, e sendo este trabalho o resultado de quem, por um momento, escolhe a *palavra* em substituição do *desenho* para materializar uma ideia, que as palavras escolhidas não desiludam, pelo menos, todos aqueles que com a sua estima, apoio e confiança me ajudaram a concretizar este projecto, e a quem quero aqui prestar o meu agradecimento:

Em primeiro lugar, sempre, aos meus *pais*, por tudo.

Em segundo lugar, ao *Professor Doutor Fernando Alves Correia*, nas suas múltiplas e inexcedíveis formas de apoio: como *orientador* do presente trabalho, pela sua disponibilidade e paciência, tanto no esclarecimento das minhas lancinantes dúvidas nas matérias de Direito, como na delimitação mínima dos assuntos a tratar, de modo a não permitir que a minha formação em Arquitectura sacrificasse o essencial ou provocasse "danos graves" ao discurso jurídico, assim como, pela sua tolerância e compreensão quando, por vezes, a arquitecta "contaminava" esse mesmo discurso; como *professor*, pelas suas lições de Direito do Urbanismo, indispensáveis para a minha primeira aproximação a esta área do saber; como *autor*, pela sua obra literária, tão necessária para o desenvolvimento da investigação associada a este trabalho; e, como não poderia deixar de ser, como *amigo*, pelas palavras, sempre oportunas, de incentivo e confiança.

Em terceiro lugar, e por estar o presente trabalho inserido no âmbito do Curso de Pós-graduação em Direito do Ordenamento, do Urbanismo e do Ambiente, do CEDOUA, agradeço igualmente a todos os *Docentes do CEDOUA* que ministraram as lições do referido curso no ano lectivo de 2002/2003, aos quais devo a formação daquele que é hoje o meu entendimento acerca do Direito, pelo modo como proporcionaram os seus conhecimentos e experiências tão valiosas para a compreensão dos temas tratados.

Por fim, agradeço também à *Direcção do CEDOUA*, por ter autorizado a minha "intromissão" nesta *terra incógnita* que é para mim o Direito, ao ter permitido que frequentasse este curso, ainda que na condição de *"viajante fora da sua terra"*.

PAULA CÂNDIDA PEREIRA MORAIS

NOTA EXPLICATIVA

Oriundo da tentativa de apresentar algumas ideias acerca da actividade de planificação urbanística, integradas na área mais vasta do Direito do Urbanismo, o presente trabalho situa-se naquela que é a fronteira entre dois domínios diferentes, o domínio da *Arquitectura*, e o domínio do *Direito*. Ora porque como nos diz PIERRE BOURDIEU[1], citando MARX, "a imigração das ideias raramente se faz sem dano", e não pretendendo que um domínio impere – ou colonize – o outro, impõe-se então que desenvolvamos uma pequena advertência, não relacionada com uma justificação desculpabilizante, mas sim, porque o trabalho que aqui apresentamos corresponde àquilo que a nossa formação inicial em Arquitectura nos permite sem provocar danos num discurso que se quer juridicamente tacteante.

O percurso é, naturalmente, perigoso, para quem irrompe num terreno que lhe é alheio. À primeira vista audaz, o presente trabalho tem então como principal objectivo, ao expor as primeiras reflexões, ou abordagens, acerca da *planificação sem planos*, incitar à continuação da investigação sobre o tema, procurando assim demarcar um campo possível de trabalho. Contudo, compelidos a avançar por tentativas, esta incursão exploratória não se apresenta como um conjunto completo de informações, mas antes como um esboço de propostas de investigação. Perante tal cenário, advertimos então que as exposições por nós elaboradas são, deste modo, apresentadas de forma a suscitar curiosidades que incitem, ao menos, outros investigadores, *maxime* de Direito, a continuar a aprofundar aquelas primeiras impressões que nós, arqueologicamente, colhemos sobre essa forma possível de exercer a actividade de planificação urbanística, que é a *planificação sem planos*.

---

[1] Cfr. PIERRE BOURDIEU, (trad. port.) *"O Poder Simbólico"*, 4.ª ed., Oeiras, DIFEL 82, 2001, p. 7.

INTRODUÇÃO

DELIMITAÇÃO DO TEMA DE ESTUDO

Numa época em que é possível encontrar nos procedimentos planificatórios alguns daqueles que porventura são os mais importantes mecanismos de antecipação e atenuação dos conflitos advindos da existência dos mais variados e, não raramente, antagónicos interesses, que no âmbito do Urbanismo recaem sobre esse "bem essencial, por natureza escasso e irreprodutível, que é o solo"[2], e em que, como nos diz M. L. DA COSTA LOBO[3], os planos urbanísticos "não podem deixar de representar um processo civilizado de concertação de interesses, de pessoas e de comunidades"[4], o presente trabalho apresenta como tema central

---

[2] Para mais desenvolvimentos acerca da *harmonização* ou *compatibilização* entre os diferentes interesses implicados no uso e transformação do solo, em especial entre o interesse público e os interesses privados, cfr. FERNANDO ALVES CORREIA, "*O Plano Urbanístico e o Princípio da Igualdade*", 2.ª reimp., Coimbra, Livraria Almedina, 2001, p. 50-51; e, do mesmo autor, "*Manual de Direito do Urbanismo*", vol. I, Coimbra, Livraria Almedina, 2001, p. 46. No que se relaciona com a concepção de Urbanismo adoptada, e em afinidade com uma parte da doutrina, consideramos desde já importante salientar que admitimos um conceito amplo de Urbanismo, entendendo este como sendo a *actividade de ocupação, uso e transformação do solo* – este último por sua vez considerado como espaço físico de suporte das actividades humanas –, intensificando assim a sua distinção do conceito de Ordenamento do Território, este por nós considerado como sendo a *actividade de distribuição territorial das actividades humanas*, a qual tem por objecto a localização ordenada dessas actividades no espaço físico. Sobre as diferentes concepções do Urbanismo, assim como sobre a *vexata quaestio* das relações deste com o Ordenamento do Território e os seus reflexos nas respectivas disciplinas jurídicas, cfr., entre outros, FERNANDO ALVES CORREIA, "*O Plano Urbanístico...*", ob. cit., p. 64-74; do mesmo autor, "*Manual de Direito...*", ob. cit., p. 51-70; e FERNANDA PAULA OLIVEIRA, "*Direito do Ordenamento do Território*", Coimbra, Livraria Almedina, 2002, p. 17-27.

[3] Cfr. M. L. DA COSTA LOBO, *in* Prefácio à obra de PAULO V. D. CORREIA, "*Políticas de Solos no Planeamento Municipal*", Lisboa, Fundação Calouste Gulbenkian, 1993.

[4] Como exemplo ilustrativo do carácter poligonal das relações jurídico-públicas a que a realização dos interesses urbanísticos dá lugar, citamos *v. g.* J. J. GOMES CANOTILHO, "*Electrosmog e Relações de Vizinhança Ambiental – Primeiras Considerações*", *in* Revista do Centro de

de reflexão uma aproximação àquela que pode ser considerada como uma das possíveis formas de exercício da actividade planificadora: a *planificação sem planos*, ou mais rigorosamente, uma abordagem a algumas figuras jurídicas de natureza urbanística, que apesar da sua essência planificatória não são todavia expressamente designadas na lei como planos. De facto, existe já uma certa atenção por parte da doutrina, tanto jurídica como técnica[5], em relação a esta temática, estando também hoje expressamente consagrado na lei que, além do plano – considerado como o principal instituto do Direito do Urbanismo[6] –, existem outras figuras que revestem a natureza de um procedimento planificatório, como demonstra o exemplo do *Regime Jurídico da Urbanização e Edificação*[7], que na alínea *a)* do n.º 1 do Artigo 24.º, e em sede de tipificação dos motivos de indeferimento do pedido de licenciamento de operações urbanísticas, equipara as *áreas de desenvolvimento urbano prioritário* e as *áreas de construção prioritária* a *planos municipais de ordenamento do território* e a *planos especiais de ordenamento do território*; o *Regime Jurídico da Reserva Agrícola Nacional*[8], que, por sua vez, ao definir os solos que não integram a

---

Estudos de Direito do Ordenamento, do Urbanismo e do Ambiente, N.º 10, Ano V, 2002, em especial a p. 12. Acerca das relações jurídicas poligonais ou multipolares de natureza administrativa em geral cfr., do mesmo autor, "*Relações Jurídicas Poligonais, Ponderação Ecológica de Bens e Controlo Judicial Preventivo*", *in* Revista Jurídica do Urbanismo e do Ambiente, N.º 1, Junho de 1994, p. 55-58.

[5] Cfr., por exemplo, FERNANDO ALVES CORREIA, "*O Plano Urbanístico...*", ob. cit., p. 289, e "*Manual de Direito...*", ob. cit., p. 232-233; ANTÓNIO CORDEIRO, "*A Protecção de Terceiros em Face de Decisões Urbanísticas*", Coimbra, Livraria Almedina, 1995, p. 56-57; FERNANDA PAULA OLIVEIRA, "*A Realidade Actual: a dispersão da legislação do urbanismo e as soluções de unificação de alguns regimes jurídicos*", *in* Actas do 2.º Colóquio Internacional "*Um Código de Urbanismo para Portugal?*", Coord. FERNANDO ALVES CORREIA, Coimbra, Livraria Almedina, 2003, p. 49; da mesma autora, "*As Licenças de Construção e os Direitos de Natureza Privada de Terceiros*", *in* Boletim da Faculdade de Direito da Universidade de Coimbra, Studia Iuridica, Ad Honorem – 1 Separata dos Estudos em Homenagem ao Professor Doutor Rogério Soares, Coimbra, Coimbra Editora, 2001, p. 1010-1011; MANUEL DA COSTA LOBO, "*Noções Fundamentais. Conceitos Técnicos. Habitação e seus Espaços de Vivência*", *in* "*Direito do Urbanismo*", Coord. DIOGO FREITAS DO AMARAL, ob. cit., p. 26-27; FERNANDO GONÇALVES, "*Evolução Histórica...*", ob. cit., p. 247-252; e NUNO PORTAS, "*Depoimento de Nuno Portas (Secretário de Estado da Habitação no 1.º e 2.º Governos Constitucionais) – Entrevista de António Fonseca Ferreira*", *in* Sociedade e Território – Revista de Estudos Urbanos e Regionais, n.º 33, Fevereiro 2002, p. 10-11.

[6] Sobre o plano como instituto fundamental do direito urbanístico cfr., entre nós, FERNANDO ALVES CORREIA, "*O Plano Urbanístico...*", ob. cit., p. 167 e segs.; e, por exemplo, em Espanha, TOMÁS-RAMÓN FERNÁNDEZ, "*Manual de Derecho Urbanístico*", 16.ª ed., Madrid, Publicaciones Abella, 2001, p. 46 e segs.

[7] Aprovado pelo *Decreto-Lei n.º 555/99, de 16 de Dezembro*, e alterado pelo *Decreto-Lei n.º 177/2001, de 4 de Junho*.

[8] Aprovado pelo *Decreto-Lei n.º 196/89, de 14 de Junho*, alterado pelos *Decretos-Leis n.ºs 274/92, de 12 de Dezembro* e *278/95, de 25 de Outubro*.

Reserva Agrícola Nacional, no seu Artigo 7.º, equipara, entre outros, também as *áreas de desenvolvimento urbano prioritário* e as *áreas de construção prioritária* a *planos directores municipais* e a *planos de urbanização*; o *Regime de Gestão Urbanística do Litoral*[9], que no n.º 1 do Artigo 3.º, ao impor a obrigatoriedade do estabelecimento de regras a que deve obedecer a ocupação, uso e transformação da faixa costeira, equipara igualmente as *áreas de desenvolvimento urbano prioritário* e as *áreas de construção prioritária* a *planos municipais de ordenamento do território*; o exemplo do *Despacho Normativo n.º 78/85*, da Presidência do Conselho de Ministros e do Ministério do Equipamento Social[10], que determinando a previsão da existência de equipamentos desportivos nos instrumentos de planeamento urbanístico, considera os *loteamentos urbanos* como um dos tipos de planos urbanísticos; o *Decreto-Lei n.º 292/95, de 14 de Novembro*, que estabelece a qualificação oficial para elaboração de planos de urbanização, de planos de pormenor e de projectos de operações de loteamento, e no seu Preâmbulo considera o *projecto de loteamento* como um instrumento de planeamento territorial; o *Regime Excepcional para a Reconversão Urbanística das Áreas Urbanas de Génese Ilegal*[11], que nos Artigos 4.º e 31.º ao estabelecer os processos de reconversão por iniciativa municipal equipara a *operação de loteamento* ao *plano de pormenor*; bem como o exemplo do *Regulamento do Licenciamento da Actividade Industrial*[12], que nas alíneas *d)* e *f)* do n.º 2 do Artigo 4.º equipara *alvarás de loteamento com fins industriais* e *parques industriais* a *planos de urbanização* e a *planos de pormenor*.

Diante deste cenário, que entendemos justificar a importância por nós atribuída ao estudo do tema da *planificação sem planos*, e com o objectivo de oferecer um contributo, ainda que inevitavelmente limitado, ao tratamento científico outorgado às matérias multidisciplinares que compõem o Direito do Urbanismo, julgamos assim ser oportuno adiantar algumas reflexões sobre o tema indicado, procurando então determinar as principais características de algumas figuras jurídicas que instrumentalizam esse modo de actuação, até porque é essa determinação que, à semelhança do que nos diz MARCELLO CAETANO[13], permite interpretar, entender e valorizar os regimes particulares de cada uma delas. Ora constituindo essas figuras planificatórias de natureza urbanística o principal

---

[9] Aprovado pelo *Decreto-Lei n.º 302/90, de 26 de Setembro*, rectificado pela *Declaração* publicada no 3.º Suplemento ao *Diário da República, I Série, n.º 277, de 30 de Novembro de 1990, p. 4948(18)*.

[10] Publicado no *Diário da República*, I Série, N.º 191, de 21 de Agosto de 1985, p. 2698--2700.

[11] Aprovado pela *Lei n.º 91/95, de 2 de Setembro*, alterada pela *Lei n.º 165/99, de 14 de Setembro* e pela *Lei n.º 64/2003, de 23 de Agosto*.

[12] Aprovado pelo *Decreto Regulamentar n.º 8/2003, de 11 de Abril*.

[13] Cfr. MARCELLO CAETANO, "*Princípios Fundamentais do Direito Administrativo*", 2.ª reimp. port., Coimbra, Livraria Almedina, 2003, p. 18.

pretexto para a nossa incursão exploratória, será então a elas que dedicaremos o centro da nossa atenção no presente trabalho, dividindo para tal a investigação em duas partes: inicia-se com uma parte introdutória, na qual procedemos essencialmente ao enquadramento da planificação urbanística no contexto da planificação geral, reconhecendo-se o *continuum* de complexas decisões que envolve a actividade administrativa da planificação e apurando-se algumas das noções indispensáveis à elaboração do conceito de plano, *rectius* plano urbanístico, seguindo-se imediatamente o estudo dedicado às figuras planificatórias de natureza urbanística não designadas *ex professo* pela lei como planos, no qual se agrupa uma selecção de algumas figuras que consideramos relevantes, apresentando-se alguns aspectos do seu regime jurídico-administrativo, e procurando ao mesmo tempo evidenciar as respectivas especialidades, de modo a permitir uma visão agregada do conjunto normativo respeitante à possível forma de exercício da actividade planificadora que é a *planificação sem planos*.

ENQUADRAMENTO DA PLANIFICAÇÃO URBANÍSTICA NA ACTIVIDADE DE PLANIFICAÇÃO GERAL

A planificação urbanística como uma tarefa ou função pública

Considerada hoje em dia como uma manifestação natural da actividade administrativa[14], e estimulada pelo acentuado acréscimo de *tarefas públicas* que caracteriza a Administração Pública do moderno Estado de Direito Social[15],

---

[14] Cfr., por exemplo, ROSARIO LA BARBERA, "*L'Attività Amministrativa dal Piano al Progetto*", I, Padova, Casa Editrici Dott. Antonio Milani, 1990. Sobre a actividade administrativa, recorde-se ainda que, como nos diz MARCELLO CAETANO, "*Princípios Fundamentais...*", ob. cit., p. 22, em geral, esta "envolve uma esfera de interesses relacionados com a segurança e o bem-estar da colectividade, originando necessidades de satisfação ou manutenção, que ao administrador compete suprir fazendo o balanço dos bens que pode utilizar, dos recursos que poderá mobilizar, dos agentes que tem de empregar, a fim de planear a acção a desenvolver, graduando as prioridades de aplicação dos meios disponíveis segundo um critério da importância e da urgência dos objectivos a atingir".

[15] Como sintetizam JOSÉ FIGUEIREDO DIAS/FERNANDA PAULA OLIVEIRA, "*Direito Administrativo*", Coimbra, Centro de Estudos e Formação Autárquica, 2001, p. 20, no Estado de Direito Social pode dizer-se que a Administração Pública "se caracteriza por um aumento das *tarefas públicas*, com o necessário *alargamento* e *pulverização da Administração Pública*, pela *participação* dos particulares nas tarefas públicas e ainda pelo fenómeno da *privatização* da Administração Pública". Sobre as formas jurídicas da actividade administrativa cfr. também JOÃO CAUPERS, "*Introdução ao Direito Administrativo*", 7.ª ed., Lisboa, Âncora Editora, 2003, p. 39 e segs.

o que, como sublinha ROGÉRIO EHRHARD SOARES[16], vem justificar a conhecida distinção entre uma "Administração de autoridade" e uma "Administração de gestão", a *planificação*, que sob o ponto de vista lógico, e de acordo com FERNANDO ALVES CORREIA, é uma actividade tão antiga como a vida do homem em sociedade[17], é, com efeito, um dos principais modos de actuação no que se relaciona com a programação racional da intervenção, quer estadual quer da Administração Pública, nos diversos mecanismos sociais[18], constituindo mesmo, como nos dizem J. J. GOMES CANOTILHO e VITAL MOREIRA[19], um dos princípios fundamentais da organização (quer económica, quer de outros domínios) do Estado[20].

---

[16] Cfr. ROGÉRIO EHRHARDT SOARES, "*Direito Administrativo*", Coimbra, Ed. Policopiada, 1978, p. 53.

[17] Cfr. FERNANDO ALVES CORREIA, "*O Plano Urbanístico...*", ob. cit., p. 168 e segs., de acordo com o qual, citando MASSIMO SEVERO GIANINI, "a acção de planificação existe desde o momento em que o homem, vivendo em sociedade, decide acerca da utilização dos recursos de que dispõe, com vista à prossecução dos objectivos que entende como necessários"; bem como MASSIMO SEVERO GIANINI, "*Il pubblico potere. Stati e amministrazioni pubbliche*", Bologna, Il Mulino, 1986, p. 130, segundo o qual "*l'opinione che le pianificazioni siano caratteristiche dell'azione amministrativa di questo secolo à molto diffusa, ma è errata, poiché le pianificazioni esistono da sempre, da quando esiste l'attività amministrativa*". Contudo, e ainda acerca deste tema, consideramos importante referir que, se a *planificação*, enquanto actividade, existe desde os primórdios dos tempos (cfr. FERNANDO ALVES CORREIA, "*O Plano Urbanístico...*", ob. cit., p. 168 e segs.), o mesmo não se pode afirmar do produto resultante dessa actividade, o *plano*. De facto, rodeado por uma série de razões taumatúrgicas, como menciona EDUARDO GARCÍA DE ENTERRÍA, apud JOSÉ OSVALDO GOMES, "*Manual dos Loteamentos Urbanos*", 2.ª ed., Coimbra, Coimbra Editora, 1983, p. 118, o plano, perspectivado sob o ponto de vista jurídico, isto é, no sentido do reconhecimento deste como um *instrumento juridicamente formalizado*, é, como também nos diz FERNANDO ALVES CORREIA, "*Manual de Direito...*", ob. cit., p. 233, um fenómeno recente, irrompendo de forma mais massificada, nos países europeus, no período posterior à II Grande Guerra. Para mais desenvolvimentos acerca do significado e da distinção dos termos *plano (Plan)* e *planificação (Planung)* cfr. também FERNANDO ALVES CORREIA, "*Manual de Direito...*", ob. cit., p. 232 e segs., e a bibliografia aí citada.

[18] Neste sentido cfr. JOSÉ FIGUEIREDO DIAS/FERNANDA PAULA OLIVEIRA, "*Direito Administrativo*", ob. cit., p. 20.

[19] Cfr. J. J. GOMES CANOTILHO/VITAL MOREIRA, "*Constituição da República Portuguesa Anotada*", 3.ª ed., Coimbra, Coimbra Editora, 1993, p. 428 e segs.

[20] Acerca da ausência de planeamento poder traduzir uma ofensa à Constituição, por constituir a *autoridade estadual para planear* também um *dever de planear* ("*Planungshoheit ist zugleich Planungspflicht*"), cfr. HERBERT GRZIWOTZ, "*Baulanderschliessung. Leitfaden für die Praxis der Baulandbereitstellung durch Stadtplanung und städtebauliche Verträge*", apud MARIA DA GLÓRIA FERREIRA PINTO DIAS GARCIA, "*Direito do Urbanismo. Relatório*", Lisboa, Lex, 1999, p. 76. Sobre o *dever de planificação* constituir também um aprofundamento do *princípio do desenvolvimento urbanístico em conformidade com o plano* cfr. WERNER ERNST/ /WERNER HOPPE, "*Das öffentliche Bau-und Bodenrecht, Raumplanungsrecht*", apud FERNANDO ALVES CORREIA, "*O Plano Urbanístico...*", ob. cit., p. 289.

Ora consagrando-se o Urbanismo na nossa Lei Fundamental, e à semelhança do que ocorre em outros ordenamentos jurídicos, como uma autêntica e intrínseca *tarefa* ou *função pública*[21], dirigida ao Estado, às regiões autónomas e às autarquias locais, é então compreensível que a *planificação urbanística* – actividade fortemente incentivada desde a época em que o crescimento demográfico associado ao desenvolvimento económico e ao progresso técnico-científico deram origem à expansão dos aglomerados populacionais e das zonas industriais, que por sua vez conduziram à colmatação e colonização de regiões inteiras, reduzindo assim drasticamente o espaço envolvente e as suas reservas, que antes pareciam ilimitados na terra[22] – se traduza num *poder público* e não apenas, concordando com JOSÉ OSVALDO GOMES[23], "numa mera expectativa

---

[21] Cfr. o n.º 4 do Artigo 65.º da *Constituição da República Portuguesa*, aprovada pelo *Decreto de aprovação da Constituição, de 10 de Abril de 1976*, e alterada pelas *Leis Constitucionais n.ᵒˢ 1/82, 1/89, 1/92, 1/97, 1/2001, 1/2004* e *1/2005*, respectivamente, *de 30 de Setembro, de 8 de Julho, de 25 de Novembro, de 20 de Setembro, de 12 de Dezembro, de 24 de Julho*, e *de 12 de Agosto*, de acordo com o qual "o Estado, as regiões autónomas e as autarquias locais definem as regras de ocupação, uso e transformação dos solos urbanos, designadamente através de instrumentos de planeamento, no quadro das leis respeitantes ao ordenamento do território e ao urbanismo, e procedem às expropriações dos solos que se revelem necessárias à satisfação de fins de utilidade pública urbanística". Note-se ainda que as normas de repartição de atribuições (e obrigações) em matéria de ordenamento do território e de urbanismo entre o Estado, as regiões autónomas e as autarquias locais e a concomitante repartição de competências por órgãos diversificados dessas entidades estão também expressamente patentes na lei, que dá continuidade ao princípio consagrado na Constituição, nomeadamente no Artigo 4.º da *Lei n.º 48/98, de 11 de Agosto*, que estabelece as bases da *Política de Ordenamento do Território e de Urbanismo*, e de acordo com o qual impende sobre o Estado, as regiões autónomas e as autarquias locais o "dever de ordenar o território", assim como no n.º 1 do Artigo 16.º da referida Lei, e no n.º 1 do Artigo 118.º do *Regime Jurídico dos Instrumentos de Gestão Territorial* (aprovado pelo *Decreto-Lei n.º 380/99, de 22 de Setembro*, alterado pelo *Decreto-Lei n.º 53/2000, de 7 de Abril*, e pelo *Decreto-Lei n.º 310/2003, de 10 de Dezembro*), que impõem à Administração Pública o "dever de proceder à execução coordenada e programada dos instrumentos de planeamento territorial". Para mais desenvolvimentos sobre o Urbanismo como uma *tarefa* ou *função pública* cfr. FERNANDO ALVES CORREIA, "*Estudos de Direito do Urbanismo*", Coimbra, Livraria Almedina, 1998, p. 40 e 108; do mesmo autor, "*Manual de Direito...*", ob. cit., p. 102-104; DIOGO FREITAS DO AMARAL, "*Opções Políticas e Ideológicas Subjacentes à Legislação Urbanística*", in "*Direito do Urbanismo*", Coord. DIOGO FREITAS DO AMARAL, ob. cit., p. 99; e, por exemplo, no ordenamento espanhol, EDUARDO GARCÍA DE ENTERRÍA/LUCIANO PAREJO ALFONSO, "*Lecciones de Derecho Urbanístico*", 2.ª ed., Madrid, Editorial Civitas, 1981, p. 113-115.

[22] Para mais desenvolvimentos acerca da evolução do Urbanismo e da actividade de planificação urbanística cfr., por exemplo, FERNANDO CHUECA GOITIA, "*Breve Historia del Urbanismo*", (trad. port.) "*Breve História do Urbanismo*", 5.ª ed., Lisboa, Editorial Presença, 2003, principalmente as *Lições 8 e 9*; e MANUEL CASTELLS, "*La Question Urbaine*", (trad. port.) "*A Questão Urbana*", 1.ª reimp., São Paulo, Editora Paz e Terra, 2000.

[23] Cfr. JOSÉ OSVALDO GOMES, "*Manual dos...*", ob. cit., p. 125-126.

privada, decorrente de faculdades potencialmente absolutas contidas no direito de propriedade"[24].

---

[24] Como sintetiza FERNANDA PAULA OLIVEIRA, "*Reflexão Sobre Algumas Questões Práticas no Âmbito do Direito do Urbanismo*", in Boletim da Faculdade de Direito da Universidade de Coimbra, Volume Comemorativo do 75.º Tomo do Boletim da Faculdade de Direito (BFD), Coimbra, Coimbra Editora, 2003, p. 4, "o plano urbanístico é o eixo sobre o qual gira o sistema urbanístico, convertendo-se na técnica jurídica essencial do ordenamento na medida em que o direito de propriedade resulta actualmente configurado e definido por ele: os usos e aproveitamentos urbanísticos são determinados pelo plano vigente em cada momento, definindo-se, assim, deste modo, o conteúdo do próprio direito de propriedade". Consideramos ainda importante referir que este tema constitui uma das matérias assaz debatidas pela doutrina, colocando-se a *vexata quaestio* na problemática de saber se o *jus aedificandi* (direitos de lotear, de urbanizar e de construir) constitui uma faculdade imanente ao direito de propriedade dos solos ou se, ao invés, é uma faculdade decorrente do plano, agitando-se o tema, nos discursos jurídicos, principalmente entre publicistas, *maxime* administrativistas, e civilistas. Para uma síntese das diferentes formas de perspectivar as relações entre o *jus aedificandi* e o direito de propriedade cfr. MÁRIO ESTEVES DE OLIVEIRA, "*O Direito de Propriedade e o Jus Aedificandi no Direito Português*", in Revista Jurídica do Urbanismo e do Ambiente, N.º 3, Junho de 1995, principalmente a p. 184 e segs. Por sua vez, para um desenvolvimento mais pormenorizado da acepção que partilhamos, a qual defende o direito de propriedade como um direito que está subordinado a um "*limite inerente à sua estrutura*", designado por "*função social*" (sobre a consagração legal da função social, v. g., da propriedade rústica, cfr. o Artigo 1.º do *Decreto Legislativo Regional n.º 7/86/A, de 25 de Fevereiro*, que estabelece as bases de uma orientação agrícola voltada para o agricultor e para o aproveitamento completo e protecção dos solos na Região Autónoma dos Açores), não sendo, assim, o *jus aedificandi* inerente ao direito de propriedade do solo, o que vem justificar a "principal finalidade do plano urbanístico", que é a de "definir os modos de utilização do solo (com fins de edificação ou outros) no âmbito espacial da sua aplicação", cfr. FERNANDO ALVES CORREIA, "*O Plano Urbanístico...*", ob. cit., p. 153-154, e p. 299-383. Contudo, consideramos ainda de alguma utilidade referir que, como menciona FERNANDO ALVES CORREIA, "*Estudos de Direito...*", ob. cit., p. 51, "não é só o plano urbanístico que condiciona o direito de propriedade do solo, através da definição do destino e das formas de utilização do espaço. Também o direito de propriedade constitucionalmente garantido condiciona por si mesmo a 'liberdade de conformação' do plano e influencia decisivamente o seu conteúdo. Por outras palavras, o direito de propriedade constitui também um limite à discricionaridade de conteúdo do plano. Uma tal limitação manifesta-se quer no princípio da *garantia da existência* ou da *manutenção (Bestandsschutz)*, nos termos do qual o plano urbanístico produz efeitos apenas para o futuro, pelo que de deve respeitar as edificações existentes à data da sua entrada em vigor, desde que elas tenham sido realizadas legalmente, quer na *obrigação de ponderação* dos interesses do proprietário do solo, no procedimento de elaboração do plano (a garantia constitucional da propriedade privada do solo do artigo 62.º, n.º 1, da Constituição seria violada se os interesses dos proprietários não fossem considerados, ao lado de outros interesses, no *procedimento de ponderação* do plano)". Ainda no âmbito da delimitação ou definição do conteúdo do direito de propriedade do solo pelo plano, consideramos igualmente relevante mecionar EDUARDO GARCÍA DE ENTERRÍA, "*Actuación pública y actuación privada en el Derecho Urbanístico*", in CIVITAS – Revista Española de Derecho Administrativo, N.º 1, Abril/Junio de 1974, p. 81, de acordo com o qual é também necessário distinguir, com absoluta precisão, à semelhança do que faz a doutrina alemã, a figura da *delimitação da propriedade (Eigentumsbe-*

Deste modo, passando a utilização do solo a ser determinada por planos urbanísticos, elaborados em função de circunstâncias concretas e distintas, visando o objectivo último da satisfação de necessidades existentes e previsíveis[25], tendo sempre em conta critérios colectivos e de interesse geral, é então possível afirmar, como menciona JOSÉ OSVALDO GOMES[26], que é a *atribuição de poderes específicos à Administração Pública*, em conjunto com a *vinculação dos particulares às determinações do plano*, que permitem sustentar juridicamente tanto a "construção" do *instituto da planificação* como a "reconstrução" do conceito de *direito subjectivo* e de *propriedade*.

A participação dos particulares nos procedimentos de planificação urbanística

Perfilhando então a ideia de que o plano, além de constituir a principal técnica jurídica do ordenamento urbanístico (cujo principal utilizador é a Administração Pública no cumprimento da sua *tarefa* ou *função pública*), afecta também o direito dominial, na medida em que o conteúdo do direito de propriedade resulta configurado e definido por ele, convertendo-se, por tal, as decisões urbanísticas (quer as de planificação, quer também as de gestão urbanística) em verdadeiras decisões administrativas, justifica-se assim que não seja excluída dos procedimentos planificatórios a possibilidade da participação dos interessados, *maxime* dos particulares[27]. Aliás, tal possibilidade é mesmo garantida como um

---

grenzung) da figura das *limitações à propriedade (Eigentumsbeschränkungen)*, considerando o referido autor que *delimitar* "é configurar os limites dentro dos quais se produz o conteúdo normal dos direitos" e *limitar* "é restringir, produzir uma restrição ou ablação das faculdades que entram no âmbito delimitado ou definido previamente como próprio desse conteúdo normal". Ainda segundo este autor, "*delimitar un derecho es inexcusable; limitarlo es una eventualidad que, además de producirse o no, afecta solo a algunos supuestos y no a todos dentro de la generalidad de las aplicaciones del tipo de derecho de que se trate*".

[25] Sobre o *factor de previsibilidade* das decisões administrativas em matéria de Urbanismo, cfr. FERNANDO ALVES CORREIA, "*Manual de Direito...*", ob. cit., p. 241 e 345; bem como, FEDERICO SPANTIGATI, (trad. esp.) "*Manual de Derecho Urbanístico*", Madrid, Montecorvo, 1973, p. 39, de acordo com o qual o plano não procede apenas à sistematização do que já existe, mas também à normatividade do desenvolvimento futuro.

[26] Cfr. JOSÉ OSVALDO GOMES, "*Manual dos...*", ob. cit., p. 125.

[27] Segundo FERNANDO ALVES CORREIA, "*Manual de Direito...*", ob. cit., p. 285 e 293-294, e em relação aos *titulares do direito* de participação, as várias disposições legais concernentes a este tema abarcam um *círculo muito amplo* ou *alargado* de sujeitos do direito de participação, "abrangendo não apenas os proprietários ou os titulares de outros direitos reais que incidam sobre um imóvel situado no âmbito espacial de aplicação do plano, mas também aqueles que sejam portadores de um interesse económico ou ideal ou sejam simplesmente 'cidadãos' preocupados com um correcto planeamento urbanístico e com a melhoria da qualidade de vida do aglomerado onde habitam".

direito fundamental dos cidadãos na *Constituição da República Portuguesa*, que no n.º 5 do Artigo 65.º dispõe que "é garantida a participação dos interessados na elaboração dos instrumentos de planeamento urbanístico e de quaisquer outros instrumentos de planeamento físico do território", desenvolvendo-se igualmente a nível legal, como demonstra o exemplo das alíneas *f)* e *h)* do Artigo 5.º, da *Lei de Bases da Política de Ordenamento do Território e de Urbanismo (LBPOTU)*, que consagram a participação como um dos princípios a que deve obedecer a política de ordenamento do território e de urbanismo, e o Artigo 21.º da mesma Lei, que a institui como uma garantia dos cidadãos, ou o exemplo do Artigo 6.º do *Regime Jurídico dos Instrumentos de Gestão Territorial (RJIGT)*, de acordo com o qual "todos os cidadãos, bem como as associações representativas dos interesses económicos, sociais, culturais e ambientais têm o direito de participar na elaboração, alteração, revisão, execução e avaliação dos instrumentos de gestão territorial". De facto, descendente da necessidade de atenuar ou mesmo dissolver as múltiplas tensões sociais que os diversos interesses conflituantes produzem, e contribuindo tanto para a "legitimação democrática necessária a um imprescindível consenso"[28] como para a subsequente corresponsabilização de todos – Estado e sociedade – na realização do Direito[29], são então várias as vantagens que podem ser apontadas à participação dos interessados nas decisões urbanísticas da Administração Pública[30]. Como descreve FERNANDA PAULA OLIVEIRA[31], e especificamente em relação à participação dos particulares na tomada de decisões administrativas de carácter unilateral, tal participação, entre outras, "compensa a falta de conhecimento da Administração da realidade sobre a qual ela vai ter de decidir, servindo, por isso, como um meio de recolha adicional de informação"; "fomenta o diálogo entre a Administração e os particulares"; e funciona ainda "como um mecanismo de controlo das decisões administrativas, com a vantagem, em relação aos mecanismos de controlo jurisdicionais, de funcionar *a priori* (ou seja, antes de as

---

[28] Cfr. MARIA DA GLÓRIA FERREIRA PINTO DIAS GARCIA, "*Direito do...*", ob. cit., p. 82; bem como, sobre a participação como *factor de democratização*, J. J. GOMES CANOTILHO, "*Procedimento Administrativo e Defesa do Ambiente*", *in* Revista de Legislação e de Jurisprudência, Ano 123.º, N.º 3794, p. 135. Acerca da ideia do *consenso social* na teoria do Direito Público moderno, cfr. A. MOREIRA BARBOSA DE MELO, "*Introdução às Formas de Concertação Social*", *in* Boletim da Faculdade de Direito da Universidade de Coimbra, vol. LIX, 1983, p. 65-85.

[29] Acerca da responsabilidade do Estado na realização do direito cfr., por exemplo, JOSÉ JOAQUIM GOMES CANOTILHO, "*Estado de Direito*", Lisboa, Gradiva Publicações, 1999, p. 67-68.

[30] Sobre a questão do *fundamento* da participação dos interessados, assim como acerca dos *objectivos* desta nos procedimentos de planificação urbanística, cfr. FERNANDO ALVES CORREIA, "*O Plano Urbanístico...*", ob. cit., p. 250 e segs.; e, do mesmo autor, "*Manual de Direito...*", ob. cit., p. 281-285.

[31] Cfr. FERNANDA PAULA OLIVEIRA, "*Instrumentos de Participação Pública em Gestão Urbanística*", Coimbra, Centro de Estudos e Formação Autárquica, 2000, p. 26-27.

decisões terem sido tomadas) e não, como naqueles mecanismos, *a posteriori* (depois da tomada de decisão)"[32].

No que concerne especificamente aos procedimentos planificatórios de natureza urbanística, e articulando participação com colaboração[33], dispõe então o nosso ordenamento jurídico-urbanístico de todo um conjunto de *formas* e *níveis* ou *graus de intensidade* de participação, podendo esta efectuar-se em diferentes *momentos* do procedimento planificatório, estando também previstos os necessários *mecanismos de garantia* da sua eficácia[34]. Assim, e como nos diz FERNANDO ALVES CORREIA[35], podendo a participação revestir a forma de *participação subjectiva* ou *uti singuli* (tendo esta como fim a tutela dos direitos e dos interesses legalmente protegidos dos particulares) e de *participação objectiva* ou *uti cives* (que tem como fim dar a conhecer à Administração todos os factos, interesses e circunstâncias considerados objectivamente relevantes para a elaboração do plano) – quer seja uma *participação individual* ou *colectiva* (conforme seja realizada pelo administrado de modo singular ou pelos grupos ou estruturas sociais organizadas), quer seja uma *participação directa* ou *indirecta* (isto é, realizada pelos indivíduos interessados, ou pelos delegados ou represen-

---

[32] Note-se que, como refere a autora citada, paralelamente ao *direito à participação*, e podendo ser perspectivado como um direito instrumental deste último, está também consagrada no nosso ordenamento jurídico a existência do *direito à informação* (tanto a nível constitucional como a nível legal), que, como nos diz a mesma autora, "embora não deva ser confundido com o direito à participação, é um seu corolário importante, na medida em que não é possível uma correcta participação dos interessados sem uma correcta informação destes". Para mais desenvolvimentos sobre o *direito à informação* cfr. FERNANDA PAULA OLIVEIRA, "*Instrumentos de Participação...*", ob. cit., p. 27-36; e FERNANDO ALVES CORREIA, "*Manual de Direito...*", ob. cit., p. 293-294, de acordo com o qual o direito à informação é uma condição de *eficácia* do direito de participação.

[33] Cfr. FERNANDO ALVES CORREIA, "*Manual de Direito...*", ob. cit., p. 298-299, de acordo com o qual "a *colaboração* de vários sujeitos de direito público no procedimento de formação dos planos, bem como a *participação* dos cidadãos na sua elaboração têm uma finalidade comum: a de fazer chegar aos órgãos administrativos competentes os interesses de que são portadores, para que o plano realize uma *justa ponderação* dos diferentes interesses nele envolvidos". Sobre o "*nexo funcional*" entre a *colaboração* e a *participação* cfr. também STEFANO COGNETTI, "*La Tutela delle Situazioni Soggetive tra Procedimenti e Processo (le Esperienze di Pianificazione Urbanística in Itália e in Germânia*", Perugia, Ed. Schientifiche Italiane, 1987, p. 97 e segs.

[34] Sobre os mecanismos considerados essenciais para garantir a *eficácia* do direito à participação nos procedimentos planificatórios, como sejam *v. g.* a garantia do *direito à informação* e o *dever* que impende sobre a Administração de *examinar* e *ponderar* as reclamações, observações, sugestões e pedidos de esclarecimento apresentados pelos interessados no exercício do seu direito de participação, bem como de *fundamentar* as opções tomadas, cfr. FERNANDO ALVES CORREIA "*Manual de Direito...*", ob. cit., p. 292-293, e 297-298.

[35] Cfr. FERNANDO ALVES CORREIA, "*O Plano Urbanístico...*", ob. cit., p. 252 e segs.; e, do mesmo autor, "*Manual de Direito...*", p. 286 e segs.

tantes dos grupos sociais organizados)³⁶ –, no que se relaciona com o grau de intensidade, a participação nos procedimentos planificatórios engloba, segundo o mesmo autor, tanto a *participação-audição* ou *auscultação* (caracterizada essencialmente pelo dever que a Administração tem, antes de decidir unilateralmente, de ouvir e consultar os administrados, através, por exemplo, do mecanismo da *representação dos interesses*³⁷), como a *participação-negociação*, ou *concertação* (também conhecida por *administração concertada*³⁸ e que se caracteriza por uma troca recíproca de informações entre a Administração e os particulares com o fim, tanto de conceberem conjuntamente os objectivos e de elaborarem os meios, como de procederem também em conjunto à própria execução das decisões administrativas)³⁹. Quanto aos momentos em que pode ocorrer a participação, e de acordo com o referido autor, impõe o nosso ordenamento jurídico-urbanístico que aquela tenha lugar imediatamente após a divulgação da decisão ou deliberação de desencadear o processo de elaboração do plano (ou, pelo menos, durante o procedimento de elaboração da proposta do plano) – apresentando assim esta participação semelhanças com o instituto do direito alemão da *participação preventiva* (*vorgezogene Bürgerbeteiligung*)⁴⁰ –, assim como impõe ainda a existência de uma participação que tenha lugar uma vez concluída a proposta do plano, e que tem como momento privilegiado, ainda que não o único, o período de *discussão pública* da mesma – por sua vez análoga à figura alemã da *participação sucessiva* ou *formal* (*förmliche Bürgerbeteiligung*)⁴¹ –.

---

³⁶ Recorde-se que, como menciona FERNANDO ALVES CORREIA, "*Manual de Direito...*", ob. cit., p. 294, no que se refere à *participação subjectiva* e *objectiva*, a legislação urbanística não as distingue, pelo que, de acordo com este autor, são admissíveis estas duas formas de participação nos procedimentos planificatórios. Já no que se relaciona com a *participação individual* e *colectiva*, *directa* e *indirecta*, cfr. o disposto no n.º 1 do Artigo 6.º do RJIGT, bem como no n.º 1 do Artigo 4.º e no Artigo 10.º da *Lei n.º 83/95, de 31 de Agosto*, que estabelece o *Direito de Participação Procedimental e de Acção Popular*.

³⁷ Para mais desenvolvimentos acerca da técnica da *representação dos interesses*, cfr., por exemplo, A. MOREIRA BARBOSA DE MELO, "*Introdução...*", ob. cit., p. 91-92.

³⁸ Sobre a *administração concertada*, cfr. A. MOREIRA BARBOSA DE MELO, "*Introdução...*", ob. cit., em especial a p. 86 e segs.

³⁹ A consagração legal destes dois graus de intensidade da participação está, aliás, expressamente patente na lei, como demonstra o exemplo do n.º 2 do Artigo 6.º, dos Artigos 33.º, 40.º, 48.º, 58.º, 65.º e 77.º do RJIGT acerca da *participação-audição*, e o exemplo do n.º 2 do Artigo 21.º da LBPOTU, no que se refere à *participação-negociação*.

⁴⁰ Note-se que a *participação preventiva* dos cidadãos é, hoje, possível em todos os tipos de instrumentos de gestão territorial [cfr. o n.º 2 e a alínea *a)* do n.º 3 do Artigo 6.º do RJIGT, bem como o n.º 1 do Artigo 4.º e o Artigo 5.º da *Lei n.º 83/95, de 31 de Agosto*], sendo no entanto regulada com maior rigor no procedimento de elaboração dos planos especiais e municipais de ordenamento do território (cfr. os Artigos 48.º e 77.º do RJIGT).

⁴¹ Cfr. os n.ᵒˢ 1, 2 e 3 dos Artigos 33.º e 40.º, os n.ᵒˢ 1, 2, 3 e 4 do Artigo 58.º, o Artigo 65.º e os n.ᵒˢ 1, 2, 3, 4 e 5 do Artigo 77.º do RJIGT.

Movimentando-se então o *continuum* decisório da Administração Pública, nos procedimentos administrativos de planificação urbanística, entre uma vasta e complexa rede de diversificados interesses, transformando-se o ente público numa *potentior persona* tendente por natureza à supremacia e à imposição, devido essencialmente à dilatada discricionaridade (quer administrativa, quer planeamento) de que dispõe, tanto na hierarquização e ponderação desses interesses, como no processo de escolha das soluções conformadoras ou pacificadoras dos conflitos a eles inerentes, a exigência de formas adequadas de participação dos particulares nesses procedimentos planificatórios converte-se, assim, num mecanismo imprescindível para a essencial "*compensação* da amplitude do poder discricionário"[42]. Aliás, como fonte de Direito que é[43], o plano urbanístico não pode deixar de renunciar ao objectivo último de conseguir a pacificação dos conflitos de interesses a ele inerentes, e procurar obter, assim, um equilíbrio entre o interesse público e os direitos, interesses e expectativas dos particulares, pois como nos diz EDUARDO GARCÍA DE ENTERRÍA[44], "*sin esa meta el ciudadano, como el esclavo en el Derecho romano, como el súbdito en el sistema jurídico del absolutismo, no seria un sujeto de Derecho, seria un puro objeto de una dominación extraña y absoluta*".

Planificação urbanística e gestão urbanística

Enquadrando-se o tema central do nosso estudo na actividade administrativa da *planificação urbanística*, e sendo algumas das figuras sobre as quais nos propomos reflectir, como *v. g.* a do *loteamento urbano*, utilizadas como instrumentos da actividade, também administrativa, de *gestão urbanística*, entendemos então conveniente nestas considerações introdutórias, delinearmos alguns breves apontamentos sobre o que avizinha e o que diferencia essas duas actividades, até porque, como nos diz FERNANDA PAULA OLIVEIRA[45], existindo o plano urbanístico essencialmente para ser cumprido, há então a necessidade de "transformar em obras as normas do plano através da realização de operações urbanísticas por ele previstas e que com ele se conformem". De facto, e de acordo

---

[42] Sobre a exigência de formas adequadas de participação na planificação urbanística, cfr. FERNANDO ALVES CORREIA, "*O Plano Urbanístico...*", ob. cit., p. 259-261.

[43] Cfr. FERNANDO ALVES CORREIA, "*Manual de Direito...*", ob. cit., p. 46-47, e p. 240; e, do mesmo autor, "*Um Código de Urbanismo: Estrutura e Conteúdo*", in Actas do 2.º Colóquio Internacional "*Um Código de Urbanismo para Portugal?*", Coord. FERNANDO ALVES CORREIA, ob. cit., p. 234.

[44] Cfr. EDUARDO GARCÍA DE ENTERRÍA, "*Actuación pública...*", ob. cit., p. 79.

[45] Cfr. FERNANDA PAULA MARQUES DE OLIVEIRA, "*As Medidas Preventivas dos Planos Municipais de Ordenamento do Território – Alguns Aspectos do seu Regime Jurídico*", in Boletim da Faculdade de Direito da Universidade de Coimbra, Stvdia Ivridica 32, Coimbra, Coimbra Editora, 1998, p. 35.

com FRANCISCO PERALES MADUEÑO e LUÍS FELIPE ARREGUI LUCEA[46], a complexidade do Urbanismo manifesta-se não apenas nos múltiplos interesses que recaem sobre o solo, dada a sua finalidade de criar, instalar e desenvolver nesse espaço físico um quadro de vida no qual o homem se consiga realizar de forma mais adequada, mas também no extenso e complexo processo interactivo que comporta a realização – considerada esta como a tradução do que é imaginado para a realidade fáctica – das suas previsões[47]. Ora é precisamente a determinação normativa do regime de ocupação, uso e transformação do solo que caracteriza a actividade da *planificação urbanística*, aliás, regime esse plasmado, em geral, no *plano urbanístico* – principal figura desta actividade de planificação –, e cujo procedimento de elaboração (assim como de alteração, revisão e suspensão) está sujeito a várias fases, fases essas que, por sua vez, permitem, assim, tanto a caracterização dos problemas, a formulação de objectivos e vias alternativas para a sua realização, como a avaliação e decisão sobre as alternativas a adoptar e os meios a mobilizar e, por fim, possibilitando também a divulgação das soluções e das regras, bem como da negociação com os agentes não públicos e da sua participação no processo[48]. Contudo, como nos diz FERNANDO ALVES CORREIA[49], "por via de regra, os planos não têm apenas como finalidade a regulamentação do processo urbanístico, desinteressando-se do *modo* e do *quando* da concretização do modelo territorial por eles desenhado. Pelo contrário, os planos – e nisso reside um dos traços da sua peculiaridade normativa – encerram normalmente disposições que têm a ver com o problema da execução concreta das suas previsões". Perante tal, podemos assim afirmar que é então essa componente "*dinâmica*" das figuras planifica-

---

[46] Cfr. FRANCISCO PERALES MADUEÑO/LUÍS FELIPE ARREGUI LUCEA, "*Algunas Reflexiones sobre el Planeamiento y la Gestion Urbanística en la Situación Actual*", *in* Revista de Derecho Urbanístico, N.º 104, Año XXI, Jul./Ago./Sep. de 1987, p. 24.

[47] Sobre a fixação do regime jurídico dos solos se basear, essencialmente, em juízos de prognose sobre a evolução futura dos factores sobre que incide cfr., por exemplo, FERNANDA PAULA OLIVEIRA, "*As Medidas Preventivas...*", ob. cit., p. 35.

[48] Para mais desenvolvimentos cfr. MANUEL DA COSTA LOBO/PAULO V. D. CORREIA//SIDÓNIO COSTA PARDAL/MARGARIDA SOUZA LÔBO, "*Normas Urbanísticas. Princípios e Conceitos Fundamentais*", vol. I, Lisboa, Direcção-Geral do Ordenamento do Território/Universidade Técnica de Lisboa, 1990, p. 15 e segs. Note-se ainda que, estando a actividade da planificação urbanística estreitamente dependente de inúmeras condicionantes, e constituindo essa actividade uma das formas de organizar o espaço vital humano perante uma natureza livre, impondo-lhe limites e conformando-o convenientemente, a existência dessas diversas fases permite, como nos diz FERNANDO TÁVORA, "*Da Organização do Espaço*", 2.ª ed. (*fac-simile*), Porto, Edições do Curso de Arquitectura da ESBAP, 1982, p. 35 e segs., a necessária e constante adaptação às circunstâncias e condicionantes que rodeiam essa actividade de organização do espaço.

[49] Cfr. FERNANDO ALVES CORREIA, "*As Grandes Linhas da Recente Reforma do Direito do Urbanismo Português*", reimp., Coimbra, Livraria Almedina, 2000, p. 63 e segs.

tórias[50] que reclama uma actividade complementar de execução[51] das suas disposições, ou seja, a actividade de *gestão urbanística*. Todavia, e apesar de a actividade de *execução dos instrumentos de planificação urbanística* se integrar no conceito de gestão urbanística, esta última apresenta-se, de acordo com o autor que temos vindo a citar, como um conceito mais amplo[52], que abrange não apenas aquela, mas também todas as tarefas e "actividades relacionadas com a ocupação, uso e transformação do solo, quer sejam realizadas directamente pela Administração Pública, quer pelos particulares, sob a direcção, promoção, coordenação ou controlo daquela, não enquadradas no contexto específico da execução de um plano urbanístico"[53], podendo, assim, de acordo com o mesmo autor, haver *gestão urbanística*, sem que haja, simultaneamente, *exe-*

---

[50] Acerca de os planos terem ao lado de uma componente *estática* (traduzida no estabelecimento de um ordenamento dos solos), uma componente *dinâmica* (que se traduz na fixação de medidas que corporizam a sua intrínseca vocação de cumprimento ou de execução) cfr. TOMÁS RÁMON-FERNÁNDEZ, "*Manual de...*", ob. cit., p. 157-158; bem como FERNANDA PAULA OLIVEIRA, "*Sistemas e Instrumentos de Execução dos Planos*", Coimbra, Livraria Almedina, 2002, p. 12-13 e a bibliografia aí citada.

[51] Para mais desenvolvimentos sobre as diferenças entre a elaboração e a execução do plano cfr., por exemplo, ANTÓNIO CÂNDIDO DE OLIVEIRA, "*Problemática Jurídica da Execução dos Planos Directores Municipais*", in ASSOCIAÇÃO PORTUGUESA DE DIREITO DO URBANISMO, "*A Execução dos Planos Directores Municipais*", Coimbra, Livraria Almedina, 1998, p. 25-26; e JOSÉ OSVALDO GOMES, "*Operações Urbanísticas e Medidas Preventivas*", in "*Direito do Urbanismo*", Coord. DIOGO FREITAS DO AMARAL, ob. cit., p. 371 e segs.

[52] Cfr. FERNANDO ALVES CORREIA, "*As Grandes...*", ob. cit., p. 65.

[53] Note-se ainda que também a nível dos *instrumentos jurídicos* utilizados se manifestam diferenças entre a *execução dos planos* e a *gestão urbanística*. Assim, e seguindo o apresentado por FERNANDO ALVES CORREIA, "*As Grandes...*", ob. cit., p. 65 e segs., como principais instrumentos jurídicos de gestão urbanística, temos, entre outros, *v. g.* a *expropriação por utilidade pública*, regulada pelo *Código das Expropriações*, aprovado pela *Lei n.º 168/99, de 18 de Setembro* e alterado pela *Lei n.º 13/2002, de 19 de Fevereiro*; os *procedimentos de controlo prévio das operações urbanísticas*, regulamentados pelo RJUE; e a figura da *associação da Administração com os proprietários*, a qual é disciplinada pelos Artigos 22.º a 26.º do *Decreto-Lei n.º 794/76, de 5 de Novembro*, que aprova a *Política de Solos*, pelo *Decreto n.º 15/77, de 18 de Fevereiro*, que estabelece as normas a que deverão obedecer as associações da Administração com os particulares para a execução de operações de expansão ou renovação urbana ou criação de novos aglomerados, e pelos Artigos 8.º, 10.º e 11.º do *Decreto-Lei n.º 152/82, de 3 de Maio*, alterado pelo *Decreto-Lei n.º 210/83, de 23 de Maio*, que permite a criação de áreas de desenvolvimento urbano prioritário e de construção prioritária. Por sua vez, no que se refere aos instrumentos passíveis de ser utilizados na execução dos planos, aparecem estes tipificados nos Artigos 126.º a 134.º do RJIGT, sendo eles o *direito de preferência* do município nas transmissões por título oneroso, entre particulares, de terrenos ou edifícios situados nas áreas do plano com execução programada; a *demolição de edifícios*; a *expropriação dos terrenos e edifícios* necessários para a execução dos planos municipais de ordenamento do território; a *reestruturação da propriedade*; e o *reparcelamento do solo* de acordo com as disposições do plano. Para mais desenvolvimentos sobre os sistemas e instrumentos de execução dos planos cfr. FERNANDA PAULA OLIVEIRA, "*Sistemas e Instrumentos...*", ob. cit.

cução de planos[54]. Porém, e no dizer de FERNANDA PAULA OLIVEIRA[55], ainda que gestão urbanística e execução de planos não sejam equivalentes, tendo em conta a realidade actual de que praticamente todo o território nacional já se encontra coberto por planos urbanísticos (principalmente planos directores municipais), podemos afirmar que a parte mais importante da gestão urbanística é, hoje em dia, a que corresponde à *execução dos planos*, assumindo assim a gestão urbanística uma relevância tal no que se relaciona com a actividade de planificação que aparece mesmo apontada pela doutrina como uma das principais funções dos planos, em particular dos planos municipais de ordenamento do território[56].

PLANIFICAÇÃO URBANÍSTICA E PLANIFICAÇÃO TERRITORIAL

A multiplicidade de planos

Tendo sempre como intuito contribuir, nestas linhas preambulares, para o mais rigoroso enquadramento possível do nosso objecto de estudo, e delineadas que estão as primeiras considerações introdutórias acerca do enquadramento da planificação urbanística na actividade de planificação geral, já que é nela que se integram as figuras planificatórias sobre as quais nos propomos reflectir, entendemos de alguma utilidade, desenvolver de seguida mais uns breves comentários acerca de uma planificação particular integrada na planificação administrativa, a *planificação territorial*, pois como nos diz FERNANDA PAULA OLIVEIRA[57], é nela que se integra a planificação urbanística.

---

[54] Como exemplo ilustrativo citamos *v. g.*, FERNANDO ALVES CORREIA, "*As Grandes...*", ob. cit., p. 65, de acordo com o qual, "uma situação destas ocorrerá sempre que não exista plano urbanístico para executar, uma vez que a inexistência de plano não pode ter como consequência a paralisação da actividade de transformação urbanística". Note-se contudo, que, se, como refere FERNANDA PAULA OLIVEIRA, "*Sistemas e Instrumentos...*", ob. cit., p. 10, citando M. L. DA COSTA LOBO, *in* Prefácio à obra de PAULO V. D. CORREIA, "*Políticas...*", ob. cit., é pela gestão que se instrumentalizam os planos, "podemos assim afirmar que não pode haver plano sem gestão: se o município não puder garantir a gestão é preferível não elaborar o plano".

[55] Cfr. FERNANDA PAULA OLIVEIRA, "*A Realidade Actual...*", ob. cit., p. 44.

[56] Sobre as funções dos planos urbanísticos, que além da *gestão do território*, incluem também a *inventariação da realidade ou da situação existente*, a *conformação do território*, e a *conformação do direito de propriedade do solo*, cfr. FERNANDO ALVES CORREIA, "*O Plano Urbanístico...*", ob. cit., p. 181-186; e, do mesmo autor, "*Manual de Direito...*", ob. cit., p. 246-251.

[57] Cfr. FERNANDA PAULA OLIVEIRA, "*Direito do Urbanismo*", 2.ª ed. (reimp.), Coimbra, Centro de Estudos e Formação Autárquica, 2002, p. 11.

Com efeito, afiguram-se diversos os instrumentos orientadores da programação e intervenção racional levada a cabo pela Administração Pública nos distintos domínios da organização da sociedade[58], podendo esses instrumentos essenciais da acção administrativa que são os planos, como nos diz FERNANDO ALVES CORREIA[59], ser organizados, esquemática e estruturalmente, em dois grandes grupos, os *planos económicos*, ou *socio-económicos*, e os *planos territoriais*, sendo ainda vários os critérios indicados pela doutrina para distinguir a *planificação económica* da *planificação territorial*[60]. De facto, reportando-se a planificação económica ao "estabelecimento de opções e probabilidades de evolução económica definindo orientações para essa evolução"[61] e tendo a planificação territorial por objecto directo de intervenção *o território*, é nesta última que podemos enquadrar a planificação urbanística, já que ambas têm o *ordenamento do espaço físico* como escopo. Por sua vez, e entendidas como qualitativamente distintas e separadas, estas duas "planificações" reavivam assim a dicotomia já anteriormente apontada entre o Ordenamento do Território e o Urbanismo[62], apresentando-se porém a tarefa de delimitação de uma fronteira entre elas bastante dificultada, na medida em que ambas são tratadas no mesmo diploma legal, a *Lei n.º 48/98, de 11 de Agosto*, que aprova as bases das respectivas políticas sem contudo as distinguir, o mesmo acontecendo a nível dos instrumentos jurídicos, que são regulados através de um regime unitário, o *Regime Jurídico dos Instrumentos de Gestão Territorial*[63], que "não unifica apenas o regime jurídico dos planos urbanísticos, mas de todos os planos com carácter territorial, quer se trate de instrumentos tipicamente urbanísticos, quer de ordenamento do território"[64].

---

[58] Para uma perspectiva de conjunto do quadro institucional do planeamento económico-social, ordenamento do território e urbanismo até 1989, cfr., por exemplo, JOÃO PITSCHIELLER//SOFIA ABREU, "*Enquadramento Geral das Intervenções Urbanísticas*", in "*Direito do Urbanismo*", Coord. DIOGO FREITAS DO AMARAL, ob. cit., p. 301-317.

[59] Cfr. FERNANDO ALVES CORREIA, "*Manual de Direito...*", ob. cit., p. 235 e segs.

[60] Uma síntese desses critérios pode ser encontrada em FERNANDO ALVES CORREIA, "*Manual de Direito...*", ob. cit., p. 235 e segs.

[61] Cfr. FERNANDA PAULA OLIVEIRA, "*Direito do Urbanismo*", ob. cit., p. 11.

[62] *Vide* nota (2) do presente trabalho.

[63] Neste sentido cfr. FERNANDA PAULA OLIVEIRA, "*A Realidade Actual...*", ob. cit., p. 46.

[64] Note-se que são vários os critérios apontados pela doutrina – pois como menciona FERNANDA PAULA OLIVEIRA, "*Direito do Ordenamento...*", ob. cit., p. 23, é a ela a quem cabe tal tarefa – para a distinção entre os instrumentos jurídicos específicos do urbanismo e os que são respeitantes ao ordenamento do território, variando entre o critério com base na *área de aplicação territorial*, o da *eficácia jurídica das respectivas normas*, e o critério *misto* que combina este último com o dos *objectivos prosseguidos e respectivo conteúdo*. Para mais desenvolvimentos cfr. FERNANDA PAULA OLIVEIRA, "*Direito do Ordenamento...*", ob. cit., p. 17-27, em especial a p. 23 e seg.

CONCEITO DE PLANO

O plano urbanístico

Emolduradas ainda nas considerações iniciais do presente trabalho, e procurando, uma vez mais, aproximar-nos progressivamente do objecto condutor – ou orientador – da nossa pesquisa, propomo-nos de seguida, por entendermos de alguma utilidade, reflectir um pouco acerca daquele que consideramos ser um instrumento auxiliar indispensável ao desenvolvimento do nosso estudo, isto é, acerca do conceito de plano, mais precisamente de plano urbanístico. No entanto, e devido fundamentalmente, segundo cremos, ao plano urbanístico representar, como já tivemos oportunidade de referir, um lugar de concorrência de múltiplos e diferenciados interesses carecidos de *boa distribuição* (*nomos*) ou *boa ordem*, evidenciando deste modo o carácter interdisciplinar da actividade de planificação[65], tal tarefa não se apresenta, *prima facie*, facilitada. De facto, e entendidos, no dizer de FERNANDO ALVES CORREIA[66], como institutos que definem os princípios e regras de ocupação, uso e transformação do solo – "que se distinguem entre si não apenas com base no procedimento da sua elaboração e na competência para a sua aprovação, mas também de acordo com a sua finalidade, âmbito territorial de aplicação, grau analítico das suas previsões e eficácia jurídica das suas disposições" –, os planos urbanísticos condensam no seu conceito uma dupla natureza: por um lado uma *natureza técnica* e por outro uma *natureza jurídica*[67]. Com efeito, de um modo estenográfico e na perspectiva técnica, o plano urbanístico apresenta-se como um *instrumento de desenho*, que configura soluções urbanísticas espaciais (isto é, desenho da forma urbana) para a fracção de território a que diz respeito e serve de referência ao desenvolvimento de outras acções, tais como, *v. g.*, a elaboração de projectos e a programação de obras. Já no que se refere à perspectiva jurídica, o plano corresponde, como nos diz FERNANDO ALVES CORREIA[68], a um *instrumento de programação*

---

[65] Como menciona MARIA DA GLÓRIA FERREIRA PINTO DIAS GARCIA, "*Direito do...*", ob. cit., p. 79, "a actividade de planear exige uma formação ('*Ausbildung*') especial, dirigida a uma visão de conjunto da realidade, interdisciplinar; simultaneamente, demanda o conhecimento e correcto manuseamento de juízos de prognose, de estudos e antevisão de um futuro '*in fieri*'".

[66] Cfr. FERNANDO ALVES CORREIA, "*O Contencioso dos Planos Municipais de Ordenamento do Território*", *in* Revista Jurídica do Urbanismo e do Ambiente, N.° 1, Junho de 1994, p. 23.

[67] Para mais desenvolvimentos acerca da dupla natureza dos planos urbanísticos cfr., por exemplo, VÍTOR CAMPOS, "*A Concepção e Redacção dos Regulamentos de Urbanismo*", ICT – Informação Científica (Planeamento Urbano e Regional – INCGURPLAM 6), Lisboa, Laboratório Nacional de Engenharia Civil, 1992, p. 4.

[68] Cfr. FERNANDO ALVES CORREIA, "*Manual de Direito...*", ob. cit., p. 240.

e de coordenação de decisões administrativas individuais com incidência na ocupação do solo, estabelecendo regras de actuação para os vários agentes envolvidos na transformação do território[69]. Ora afigurando-se estas duas perspectivas de forma indissociável e confluente no plano urbanístico, tentar construir o conceito deste último é, antes de mais e sobretudo, conciliar dois distintos modos de actuação que interagem entre si[70]. Todavia, não sendo nosso objectivo, no presente trabalho, elaborar uma definição (técnica e jurídica) do conceito de plano – tarefa essa que consideramos quimérica se realizada apenas por uma única pessoa –, mas tão-só indagar sobre algumas noções que possam auxiliar a construção do mesmo, apontamos de seguida umas breves reflexões que julgamos contribuírem para o entendimento do plano urbanístico como um *conjunto coordenado de soluções técnicas cuja exequibilidade é instrumentalizada através de regras jurídicas*, e no qual, segundo entendemos, deve subsistir continuamente um equilíbrio e uma inter-relação entre a perspectiva técnica e a perspectiva jurídica.

Efectivamente, e ainda que enquadrado na actividade administrativa de organização do território[71], o plano urbanístico foi, de facto, primitivamente utilizado como uma *técnica urbanística*[72], ou como nos diz ROSARIO LA BARBERA,

---

[69] Para mais desenvolvimentos sobre o *conceito* e *natureza jurídica* dos planos urbanísticos cfr. FERNANDO ALVES CORREIA, "*O Plano Urbanístico...*", ob. cit., p. 178-181, 217 e segs; bem como, do mesmo autor, "*Manual de Direito...*", ob. cit., p. 244-246, 370 e segs.; para uma síntese sobre a natureza jurídica dos planos urbanísticos, por exemplo, no ordenamento espanhol, cfr. RICARDO ESTÉVEZ GOYTRE, "*Manual de Derecho Urbanístico*", Granada, Ed. Comares, 1999, p. 76-80.

[70] Como sublinha PIERRE BOURDIEU, (trad. port.) "*O Poder...*", ob. cit., p. 216-217, "a elaboração de um corpo de regras e de procedimentos com pretensão universal é produto de uma divisão do trabalho que resulta da lógica espontânea da concorrência entre diferentes formas de competência ao mesmo tempo antagonistas e complementares".

[71] Neste sentido, cfr. ROSARIO LA BARBERA, "*L'Attività Amministrativa...*", ob. cit., p. 102.

[72] De facto, dos *boulevards* rectilínios projectados por GEORGES EUGÈNE HAUSSMAN para Paris entre 1853 e 1869 sob os auspícios de NAPOLEÃO III, ao *proyecto de ensanche y reforma* de Barcelona decretado pelo Governo espanhol em 2 de Fevereiro de 1859 e conduzido por ILDEFONSO CERDÁ – "projecto" esse, que conjuntamente com o *proyecto de ensanche* de Madrid orientado por CARLOS MARIA DE CASTRO em 1857, constituíram a base da importante reforma da legislação urbanística consubstanciada na *Lei de 29 de Junho de 1864*, diploma esse, que, por sua vez, alterando a designação para "*planos*" *de ensanche* regulou a elaboração destes últimos para as demais cidades de Espanha –, passando *v. g.*, entre outros, pelos projectos para o porto de Lisboa elaborados "com o intuito de facilitar a 'expansão' da cidade", como o apresentado por THOMÈ DE GAMOND em 1870 (cfr. ADOLPHO LOUREIRO, "*Os Portos Marítimos de Portugal e Ilhas Adjacentes*", Vol. III, Lisboa, Imprensa Nacional, 1906, p. 238), antecessores dos *Planos de Urbanização do Estado Novo* e que apesar da designação de *planos* constituem, como menciona FERNANDO GONÇALVES, verdadeiros *projectos urbanísticos* [cfr. FERNANDO GONÇALVES, "*A propósito dos Planos de Urbanização do Estado Novo: projectos urbanísticos ou regulamentos policiais?*", *in* Sociedade e Território – Revista de Estudos Urbanos e Regionais, N.º 4, Maio de 1986, p. 92-115; *vide* também MARGARIDA SOUZA LÔBO, "*Planos de Urba-*

utilizado na sua *dimensão factual*[73], estando deste modo muito próximo de um outro instrumento de actuação urbanística que frequentemente acompanha ou se contrapõe ao plano, o *projecto*. Contudo, como igualmente nos diz ROSARIO LA BARBERA[74], e assumindo o projecto também como um instrumento de regulação administrativa (mas cujo escopo é dirigido ao controlo formal da obra)[75], a *técnica da actividade projectual* não é alternativa à *técnica da actividade planificatória*. De facto, como observa M. S. GIANNINI[76], a análise jurídica da figura do *projecto* (*progetto*) esteve sempre colocada no *mundo dos factos* (*mondo de fatti*), relacionado principalmente com as denominadas de *normas técnicas* (*normes tecniches*) que, por sua vez, regulam a execução da obra, enquanto que as normas e prescrições dos instrumentos planificatórios têm como principal objecto limitações à propriedade, assim como condicionamentos derivados da *situação específica do lugar* (a *dalla natura e vocazione dei luoghi* da doutrina italiana ou a *Situationsgebundenheit des Grundeigentums* germânica) e das exigências particulares de tutela ambiental por razões de interesse público[77]. Sobre os conceitos de *plano* e *projecto urbanísticos*, não poderíamos

---

nização. A Época de Duarte Pacheco", Porto, DGOTDU/FAUP Publicações, 1995], são vários os exemplos de *projectos unitários de arquitectura*, de dimensão apreciável, que pretendiam representar, apesar dos próprios limites físicos, a *forma* exemplar da cidade, induzindo assim, como nos diz NUNO PORTAS, "*L'Emergenza del Progetto Urbano*", *in* Urbanística, N.° 110, Gennaio-Giugno 1998, p. 51-69, a "intervenção projectual à procura de intensidade em exemplos limitados, com uma dimensão decididamente visível, mais até do que a tentativa de definir uma reforma planificada dirigida à continuidade entre a cidade e as suas periferias". Para uma síntese das principais *técnicas urbanísticas* ao longo dos vários períodos da História, cfr., por exemplo, FERNANDO ALVES CORREIA, "*O Plano Urbanístico...*", ob. cit., p. 32-45; do mesmo autor, "*Manual de Direito...*", ob. cit., p. 27-39; e ainda FERNANDO CHUECA GOITIA, "*Breve Historia del...*", ob. cit.

[73] De acordo com ROSARIO LA BARBERA, "*L'Attività Amministrativa...*", ob. cit., p. 102, é possível assinalar três características gerais da actividade administrativa relativa à organização do território: 1) a relevância da *dimensão factual*; 2) a relevância da *dimensão temporal*; e 3) a relevância da *dimensão institucional ligada à tutela de interesses específicos*.

[74] Cfr. ROSARIO LA BARBERA, "*L'Attività Amministrativa...*", ob. cit., p. 103.

[75] Sobre o projecto como um instrumento de regulação administrativa destinado ao controlo formal da obra cfr. também FEDERICO GARCÍA ERVITI, "*Compendio de Arquitectura Legal. Derecho Profesional y Valoraciones Inmobiliarias*", Madrid, Librería Mairea y Celeste Ediciones, 2001, p. 57.

[76] De acordo com M. S. GIANNINI, "*Il pubblico potere...*", ob. cit., p. 130, "*In quanto tecniche di azione, le pianificazioni erano ritenuto attinenti al fatto, non al diritto; questo entrava in applicazione man mano che si adottassero gli atti giuridici richiesti per l'attuazione del disegno, ma il disegno in quanto tale si reputava che pertinesse all'ambito del pregiurdico, di cio che nell'azione della persona singola sarebbero gli intenti e i progetti interni*".

[77] Para mais desenvolvimentos acerca da relação entre planificação territorial, *rectius* urbanística, e tutela ambiental cfr., por exemplo, entre outros, M. S. GIANNINI, "*Ambiente: saggio suoi diversi aspetti giuridici*", *in* Rivista Trimestrale di Diritto Pubblico, N.° 23, 1973, p. 15 e segs.; VINCENZO CERULLI IRELLI, "*Pianificazione Urbanistica e Interessi Differenziati*",

deixar ainda de referir que, apesar das diferenças existentes entre ambos os conceitos, que foram entretanto apontadas, a aproximação entre eles continua hoje em dia a persistir no nosso ordenamento jurídico, como demonstra, *v. g.*, a forte componente projectual existente no conteúdo material dos actuais *planos de urbanização* e *planos de pormenor*[78], estando até mesmo expressamente prevista no *Regime Jurídico dos Instrumentos de Gestão Territorial* a figura do *projecto urbano*[79], como modalidade simplificada de *plano de por-*

---

in Rivista Trimestrale di Diritto Pubblico, N.° 35, 1985, p. 390-391; (Coord.) FRANCO BASSI/ /LEOPOLDO MAZZAROLLI, "*Pianificazioni Territoriali e Tutela dell'Ambiente*", Torino, G. Giappicheli Ed., 2000; e PAOLO URBANI, "*La Pianificazione per la Tutela dell'Ambiente, delle Acque e per la Difesa del Suolo*", *in* Rivista Giuridica dell'Ambiente, N.° 2, 2001, p. 199-215. Sobre a *função ecológica* do direito de propriedade e a sua distinção da *função social*, cfr., por exemplo, J. J. GOMES CANOTILHO, "*Protecção do Ambiente e Direito de Propriedade (Crítica de Jurisprudência Ambiental)*", Separata da Revista de Legislação e de Jurisprudência, Coimbra, Coimbra Editora, 1995, p. 81-109, em especial a p. 86 e segs., e a bibliografia aí citada.

[78] Como menciona NUNO PORTAS, "*Os Planos Directores como Instrumentos de Regulação*", *in* Sociedade e Território – Revista de Estudos Urbanos e Regionais, N.° 22, Setembro de 1995, p. 24, "a componente projectual destes planos no que respeita ao espaço público é tão forte que tem que se conhecer como e quando e quem a executa e a paga, bem como as cedências obrigatórias para a sua realização, tal como a legislação sobre loteamento o procura garantir quando se trata de um só proprietário ou requerente". De facto, podemos encontrar manifestações de tal raciocínio, por exemplo, no Artigo 88.° do *Regime Jurídico dos Instrumentos de Gestão Territorial*, que relativamente ao conteúdo material do *plano de urbanização*, estipula que este deve, entre outros, estabelecer a concepção geral da organização urbana, a partir da qualificação do solo; os indicadores e os parâmetros urbanísticos aplicáveis a cada uma das categorias e subcategorias de espaços; bem como a estruturação das acções de perequação compensatória a desenvolver na área de intervenção e as subunidades operativas de planeamento e gestão. Do mesmo modo, e em relação ao conteúdo material do *plano de pormenor* dispõe o Artigo 91.° do mesmo regime jurídico que este deve estabelecer, entre outros, a situação fundiária da área de intervenção procedendo, quando necessário, à sua transformação; o desenho urbano, exprimindo a definição dos espaços públicos, de circulação viária e pedonal, de estacionamento bem como do respectivo tratamento, alinhamentos, implantações, modelação do terreno, distribuição volumétrica, bem como a localização dos equipamentos e zonas verdes; a distribuição de funções e a definição de parâmetros urbanísticos, designadamente índices, densidade de fogos, número de pisos e cérceas; indicadores relativos às cores e materiais a utilizar; as operações de demolição, conservação e reabilitação das construções existentes; a estruturação das acções de perequação compensatória a desenvolver na área de intervenção; assim como a identificação do sistema de execução a utilizar na área de intervenção.

[79] Para mais desenvolvimentos acerca da figura do *projecto urbano* cfr., entre outros, NUNO PORTAS, "*L'Emergenza...*", ob. cit., p. 51-60; MANUEL DE SOLÁ-MORALES I RUBIÓ, "*Las Formas de Crecimiento Urbano*", Barcelona, Ediciones UPC, 1997; DAVID MANGUIN/PHILIPPE PANERAI, "*Project Urbain*", Marseille, Éditions Parenthèses, 1999; ANTÓNIO FONT/CARLES LLOP/JOSEP MARIA VILANOVA, "*La Construcció del Territori Metroplità*", Barcelona, Área Metropolitana de Bacelona/Mancomunitat de Municip de Barcelona, 1999; KENNETH POWEL, "*La Transformación de la Ciudad*", Barcelona, Leopold BLUME, 2000; e AA. VV., "*Cities in Transition*", Rotterdam, 010 Publishers, 2001.

menor [cfr. alínea *e)* do n.º 2 do Artigo 91.º do RJIGT][80]. Deste modo, e face ao que foi exposto, é possível então afirmar que a planificação urbanística, apesar de distinta da actividade projectual[81], não pode assim ignorar a questão da *forma urbana* – sendo esta o objecto último do *projecto urbano* –, pois se ela constituiu inicialmente o seu ponto de partida, hoje ela constitui a sua meta de chegada[82].

Finalmente, e como remate do presente capítulo, entendemos oportuno alinharmos ainda algumas reflexões acerca de um outro instrumento de actuação urbanística que julgamos estar também muito próximo do plano, ainda que, como veremos, sejam figuras distintas, designado de *programa urbanístico*[83]. Conceito utilizado por NUNO PORTAS para descrever a possibilidade da existência de intervenções destinadas à realização de projectos urbanos não procedentes de planos urbanísticos, mas antes provenientes do aproveitamento de oportunidades (especialmente quando estas não são previsíveis durante o procedimento de formação dos planos, e contrariando mesmo, por vezes, as suas disposições)[84], o *programa urbanístico* é definido pelo mesmo autor como sendo

---

[80] A título de exemplo ilustrativo da utilização no nosso ordenamento jurídico da figura do *projecto* como um instrumento de actuação urbanística muito próximo dos instrumentos de planificação citamos, por exemplo, os *Projectos de Urbanismo Comercial*, previstos no *Regulamento de Execução do Sistema de Incentivos a Projectos de Urbanismo Comercial (URBCOM)*, aprovado pela *Portaria n.º 317-B/2000, de 31 de Maio*, e que visam a modernização das actividades empresariais do comércio e de alguns serviços, a qualificação do espaço público envolvente e a promoção do respectivo projecto global, integrados em áreas limitadas dos centros urbanos com características de elevada densidade comercial, centralidade, multifuncionalidade e de desenvolvimento económico, patrimonial e social. Para mais desenvolvimentos acerca dos *Projectos de Urbanismo Comercial* cfr. FERNANDO ALVES CORREIA/DULCE LOPES, "*O Direito das Implantações Comerciais em Portugal. Uma Mesma Realidade: Dois Olhares Diferentes*", *in* Revista do Centro de Estudos de Direito do Ordenamento, do Urbanismo e do Ambiente, N.º 9, Ano V, N.º 1 de 2002, p. 20-22.

[81] Sobre a articulação entre a actividade projectual e a actividade de planificação cfr., por exemplo, MARIA TERESA CRAVEIRO, "*A Articulação entre Planos e Projectos: a Experiência de Lisboa*", *in* Sociedade e Território – Revista de Estudos Urbanos e Regionais, N.º 24, Maio 1997, p. 8-17.

[82] Para mais desenvolvimentos acerca da questão da forma urbana nos planos urbanísticos, por exemplo, no *plano director municipal*, cfr. NUNO PORTAS, "*Os Planos Directores...*", ob. cit., p. 30 e segs.; bem como ANTÓNIO CORDEIRO, "*A Protecção de...*", ob. cit., p. 53.

[83] Note-se que a consideração dos *planos*, dos *programas* e dos *projectos* como figuras contíguas mas distintas está aliás patente na lei, como confirma o exemplo do n.º 1 do Artigo 40.º da *Lei n.º 107/2000, de 8 de Setembro*, que aprova a *Lei de Bases da Política e do Regime de Protecção e Valorização do Património Cultural*, de acordo com o qual *os órgãos competentes da administração do património cultural têm de ser previamente informados dos planos, programas, obras e projectos, tanto públicos como privados, que possam implicar risco de destruição ou deterioração de bens culturais, ou que de algum modo os possam desvalorizar.*

[84] Cfr. NUNO PORTAS, "*L'Emergenza...*", ob. cit., p. 60 e segs.

o instrumento de actuação que além de interpretar uma decisão política, define ainda os objectivos gerais de ordenamento urbanístico, as condições financeiras, de organização, e, com frequência, a escolha dos técnicos consultores, bem como a procura do consenso necessário à exequibilidade da intervenção, aproximando-se assim do conteúdo dos *planos urbanísticos*, pois à semelhança destes, como refere o mesmo autor, também o programa urbanístico estabelece o objecto e o alcance do *projecto urbano*[85]. Ora se tecnicamente esta forma de actuação sustenta relações próximas com o plano, sob o ponto de vista jurídico, e enquanto instrumento utilizado para o enquadramento de intervenções urbanísticas, suscita ainda uma difícil absorção pelo nosso ordenamento jurídico, na medida em que apresenta uma grande contiguidade em relação à figura que a doutrina tem vindo a designar de *convénios* ou *acordos urbanísticos*[86]. De facto, como explicam FERNANDA PAULA OLIVEIRA e DULCE LOPES, a necessidade de ponderar o recurso a figuras contratuais, em especial dos contratos administrativos, no âmbito do planeamento do território "parte do reconhecimento das virtualidades associadas à sua mobilização por se tratar de uma forma adequada a ajustar ou conciliar interesses públicos e privados convergentes ou divergentes; a adaptar a acção administrativa a situações especiais ou não previstas na lei, e a incitar uma colaboração mais efectiva da contraparte do que a que resultaria da prática de um acto de imputação unilateral"[87]. Com efeito, enquadrados numa *nova forma de actuar da Administração* – realizada a par das figuras tradicionais de actividade urbanística que são os *actos* e os *planos* e em estreita colaboração com os particulares interessados nas actividades de planificação e de gestão urbanística[88] –, os *convénios* ou *acordos urbanísticos* podem ser agrupados como sintetiza FERNANDA PAULA OLIVEIRA[89], em duas classes: os "*convénios para o planeamento* (que contêm as bases a que haverá de ajustar--se o planeamento futuro ou as suas modificações) e os *convénios para a gestão*

---

[85] Cfr. NUNO PORTAS, "*L'Emergenza...*", ob. cit., p. 51 e segs.

[86] Cfr., por exemplo, FERNANDA PAULA OLIVEIRA, "*Reflexão Sobre...*", ob. cit., p. 17 e segs.; SUZANA MARIA CALVO LOUREIRO TAVARES DA SILVA, "*Actuações Urbanísticas Informais e 'Medidas de Diversão' em Matéria de Urbanismo*", *in* Revista do Centro de Estudos de Direito do Ordenamento, do Urbanismo e do Ambiente, N.º 5, Ano III, N.º 1 de 2000, p. 63-64; bem como, no ordenamento italiano, (Coord.) FRANCO BASSI/LEPOLDO MAZZAROLLI, "*Pianificazioni territoriali...*", ob. cit.

[87] Cfr. FERNANDA PAULA OLIVEIRA/DULCE LOPES, "*O Papel dos Privados no Planeamento: Que Formas de Intervenção?*", *in* Revista Jurídica do Urbanismo e do Ambiente, N.º 20, Dezembro de 2003, p. 70. No mesmo sentido cfr. também NUNO PORTAS, "*L'Emergenza...*", ob. cit., p. 52 e segs.

[88] Neste sentido cfr. JOSÉ LÓPEZ PELLICER, "*Naturaleza, Supuestos y Limites de los Convénios Urbanísticos*", *in* Revista de Derecho Urbanístico y Médio Ambiente, Enero-Febrero 1996, p. 98. Sobre o entendimento da contratualização como uma *forma de participação* dos particulares nos procedimentos de planificação urbanística (no seu grau de intensidade mais elevada), cfr. FERNANDA PAULA OLIVEIRA/DULCE LOPES, "*O Papel dos...*", ob. cit., p. 69.

[89] Cfr. FERNANDA PAULA OLIVEIRA, "*Reflexão Sobre...*", ob. cit., p. 19.

(fixação dos sistema de execução, cessão de terrenos ou de aproveitamentos, *etc*.)". Ora inserindo-se as presentes notas capitulares no contexto da actividade de planificação, é pois entendido como um instrumento enquadrado no primeiro grupo – também denominado de *contratação para planeamento* – que perspectivamos o programa urbanístico, pois como refere NUNO PORTAS[90], nos programas urbanísticos também "devem ser examinados os interesses de grupos sociais afectados ou destinatários da operação, como segmentos de demanda e sobretudo, como agentes de transformação a mobilizar"[91].

Face ao que foi apresentado terminamos então estas linhas referenciando alguns exemplos da utilização, no nosso ordenamento jurídico, do instrumento de actuação urbanística que é o *programa urbanístico*[92], como seja *v. g.*, entre outros, o exemplo do *Programa Especial de Realojamento nas Áreas Metropolitanas de Lisboa e do Porto (PER)*[93] – instrumento jurídico mobilizado em sede

---

[90] Cfr. NUNO PORTAS, "*L'Emergenza...*", ob. cit., p. 51.

[91] Note-se que, se em relação à utilização das figuras contratuais na execução ou concretização dos instrumentos de planificação urbanística não se levantam muitas dúvidas no nosso ordenamento jurídico (cfr., *v. g.* o Artigo 17.º da *Lei de Bases da Política de Ordenamento do Território e de Urbanismo*, o qual define os *programas de actuação territorial* como instrumentos que visam enquadrar a coordenação das actuações das entidades públicas e privadas interessadas na definição da política de ordenamento do território e de urbanismo e na execução dos instrumentos de planeamento territorial, que têm por base um diagnóstico das tendências de transformação das áreas a que se referem, definem os objectivos a atingir no período da sua vigência, especificam as acções a realizar pelas entidades neles interessadas e estabelecem o escalonamento temporal dos investimentos nele previstos; noção essa que, por sua vez, foi apenas parcialmente adoptada pelo Artigo 121.º do *Regime Jurídico dos Instrumentos de Gestão Territorial*) o mesmo não se pode afirmar quanto à sua admissibilidade no âmbito da actividade de planificação, pois como referem FERNANDA PAULA OLIVEIRA e DULCE LOPES, "*Os Privados...*", ob. cit., p. 72 e segs., a "promoção da contratualização em *momento prévio* ao da escolha dos conteúdos urbanísticos, de forma a poderem ser decisivamente influenciadas as soluções urbanísticas programadas" apesar de admitida em alguns preceitos legais procedentes do nosso ordenamento jus-urbanístico, não foi ainda objecto de um tratamento sistemático entre nós. Para mais desenvolvimentos acerca, *v. g.*, da figura dos *programas de actuación urbanística* no ordenamento jurídico espanhol cfr., por exemplo, FEDERICO ROMERO HERNÁNEZ, "*Los Programas de Actuación Urbanística y los Agentes Privados*", in Revista de Derecho Urbanístico, N.º 114, Año XXIII, Julio/Agosto/Septiembre 1989, p. 29-46; JERÓNIMO AROZAMENA SIERRA, "*Algunas Consideraciones sobre la Institución Contratual y el Urbanismo: los Llamados Convénios Urbanísticos*", in Revista de Derecho Urbanístico y Medio Ambiente, N.º 146, Año XXX, Enero-Febrero 1996, p.15; e TOMÁS-RAMÓN FERNÁNDEZ, "*Manual de Derecho...*", ob. cit., p. 66-68.

[92] Para mais desenvolvimentos acerca, por exemplo, da diversidade de *programas de intervenção* na cidade Porto, cfr. ISABEL BREDA-VÁZQUEZ/PAULO CONCEIÇÃO, "*A Diversidade de Programas de Intervenção na Cidade do Porto: Avaliar o Passado para Enquadrar Novos Desafios*", in Sociedade e Território – Revista de Estudos Urbanos e Regionais, N.º 33, Fevereiro 2002, p. 65-76.

[93] Aprovado pelo *Decreto-Lei n.º 163/93, de 7 de Maio*, alterado pela *Lei n.º 34/96, de 29 de Agosto*, e pelo *Decreto-Lei n.º 1/2001, de 4 de Janeiro*.

de renovação urbana interpretativo da *Política de Habitação Social*, e que tem como objectivo a erradicação definitiva das barracas existentes nos municípios das áreas metropolitanas de Lisboa e Porto, mediante o realojamento em habitações condignas das famílias que nelas residem –, bem como o exemplo do *Programa Polis – Programa de Requalificação Urbana e Valorização Ambiental das Cidades*[94], que, com base nas disponibilidades financeiras do III Quadro Comunitário de Apoio, se propõe desempenhar um papel mobilizador e potenciador de iniciativas que visem a qualificação urbanística e ambiental das cidades, e que incentivando a "utilização de novos instrumentos de intervenção urbanística" determina os objectivos, as modalidades de financiamento, as condições de acesso e os instrumentos para a sua execução.

O PRINCÍPIO DA TIPICIDADE DOS PLANOS

O princípio da tipicidade como limite à discricionaridade

Uma vez efectuadas as primeiras aproximações à actividade da planificação urbanística, esta perspectivada como um dos modos de agir da moderna Administração Pública, sobre quem impende a tarefa última de organizar, segundo formas codificadas, a *manifestação pública* dos conflitos (muitas vezes divergentes e conflituantes) de interesses que recaem sobe o solo, devendo dar-lhes soluções que sejam socialmente reconhecidas como ponderadas e imparciais, isto é, justas, entendemos proveitoso terminar a parte introdutória do presente trabalho com algumas reflexões acerca de uma das mais vincadas características dessa mesma actividade, a denominada pela doutrina de *discricionaridade de planeamento* (ou na terminologia germânica *Planungsermessen*)[95]. Com efeito, estando inscrita na própria existência do plano,

---

[94] Aprovado pela *Resolução do Conselho de Ministros n.º 26/2000, de 15 de Maio*. Para uma síntese crítica acerca deste Programa cfr. JOANA MENDES, "*Programa Polis – Programa ou Falta de Programa para a Requalificação das Cidades?*", *in* Revista do Centro de Estudos de Direito do Ordenamento, do Urbanismo e do Ambiente, N.º 7, Ano IV, N.º 1 de 2001, p. 83-100.

[95] Para um estudo detalhado deste tipo de discricionaridade administrativa cfr., entre nós, FERNANDO ALVES CORREIA, "*O Plano Urbanístico...*", ob. cit., p. 285 e segs.; do mesmo autor, "*Manual de Direito...*", ob. cit., p. 402 e segs.; e "*O Contencioso...*", ob. cit., p. 26 e segs.; no ordenamento jurídico espanhol cfr., por exemplo, ENRIQUE LINE PANIAGUA, "*El Control de la Discrecionalidad en el Ejercicio de La Potestad de Planeamiento*", *in* Revista de Derecho Urbanístico, N.º 128, Año XXVI, Mayo-Junio 1992, p. 83-88; e JAVIER DELGADO BARRIO, "*El Control de la Discrecionalidad del Planeamiento Urbanístico*", Madrid, Ed. Civitas, 1993; no ordenamento germânico cfr., entre outros, EBERHARD SCHMIDT-ASSMANN, "*Grundfragen des*

a transformação dos conflitos inconciliáveis de interesses em permutas reguladas de argumentos racionais entre sujeitos iguais é uma tarefa na qual, como nos diz FERNANDO ALVES CORREIA, citando S. COGNETTI[96], "o conhecimento da realidade urbanística local e o *juízo de prognose* sobre a evolução futura dos processos urbanísticos – o qual se caracteriza por 'avaliações projectadas no futuro' (sobre o desenvolvimento económico, demográfico, etc.) – desempenham um papel primordial"[97]. Ora podendo essa *liberdade de conformação* do órgão administrador-decisor manifestar-se tanto na tarefa de *ponderação* dos múltiplos e conflituantes interesses aglomerados na actividade planificatória, como na tarefa de *opção*, uma vez efectuada a ponderação, por uma de entre as várias soluções possíveis[98], é então justificável que tal margem de discricionaridade esteja sujeita a uma série de limitações, estas resultantes do que FERNANDO ALVES CORREIA[99] designa por *"Princípios Jurídicos Fundamentais ou Estruturais dos Planos Urbanísticos"*[100]. Deste modo, e de entre os vários

---

Städtebaurechts", Göttingen, Schwartz, 1982, p. 160-166; e WINFRIED BROHM, *"Öffentliches Baurecht. Baulanungs-Bauordenungs – und Raumordenungsrecht"*, München, Beck, 1999, p. 187 e segs.

[96] Cfr. FERNANDO ALVES CORREIA, *"Manual de Direito..."*, ob. cit., p. 402.

[97] De facto, como nos diz ROGÉRIO EHRHARDT SOARES, *"Administração Pública e Controlo Judicial"*, *in* Revista de Legislação e de Jurisprudência, Ano 127.º, N.º 3845, Dezembro 1994, p. 228, "em face de circunstâncias cada vez mais complexas na vida administrativa, a lei tem de reconhecer a necessidade de deixar ao administrador uma faculdade de adequação à realidade, que se traduz no encargo de encontrar ele mesmo as soluções". Contudo, e apesar de o poder discricionário ser concebido, entre nós, como uma certa margem de liberdade, este não deve ser confundido com toda e qualquer margem de imprecisão, ou seja, não deve ser confundido com os denominados de *conceitos indeterminados*, utilizados frequentemente pelo legislador administrativo para exprimir as suas previsões. Para mais desenvolvimentos acerca da discricionaridade administrativa, e sobre a sua distinção dos conceitos indeterminados cfr., entre nós, AFONSO RODRIGUES QUEIRÓ, *"Os Limites do Poder Discricionário das Autoridades Administrativas"*, *in* Boletim da Faculdade de Direito da Universidade de Coimbra, Vol. XLI, 1965, p. 83-96, em especial a p. 84 e segs.; LUÍS SILVEIRA, *"Os Poderes Discricionários da Administração Pública e os Direitos dos Cidadãos"*, *in* Revista de Direito Público, Ano III, N.º 6, Julho/Dezembro 1989, p. 43-53; MARIA FRANCISCA PORTOCARRERO, *"Discricionaridade e Conceitos Imprecisos: ainda fará sentido a distinção?"*, *in* Cadernos de Justiça Administrativa, N.º 10, Julho/Agosto 1998, p. 26-46; JOSÉ FIGUEIREDO DIAS/FERNANDA PAULA OLIVEIRA, *"Direito Administrativo"*, ob. cit., p. 101-119; e JOÃO CAUPERS, *"Introdução ao..."*, ob. cit., p. 64 e segs.

[98] De acordo com FERNANDO ALVES CORREIA, *"Manual de Direito..."*, ob. cit., p. 403, a discricionaridade de planeamento pode abranger "a *decisão de elaborar, ou não*, um plano (o *an* da decisão), a escolha do *momento* da elaboração do plano (o *quando* da decisão), a faculdade de apor, ou não, ao plano *condições, termos, modos* ou *outras cláusulas acessórias* (o *modo* da decisão) e a determinação do *conteúdo* do plano (o *quid* da decisão)".

[99] Cfr. FERNANDO ALVES CORREIA, *"O Contencioso..."*, ob. cit., p. 26.

[100] De acordo com o referido autor, *"Manual de Direito..."*, ob. cit., p. 405, os princípios podem estruturalmente agrupar-se em duas divisões: os princípios de carácter *externo*, que "definem a *moldura* da discricionaridade de planeamento, limitam-na do *exterior*, estabelecendo

princípios dos planos urbanísticos apontados por este autor[101], que variam desde o *princípio da legalidade*, ou da vinculação à lei, consequente de a actividade planificatória constituir uma das *tarefas fundamentais* da Administração Pública, e que, por sua vez, se desenvolve em vários *subprincípios*, tais como *v. g.*, entre outros, o da *homogeneidade da planificação* (de aplicação circunscrita ao *Plano Director Municipal*[102]), o da *definição pela lei da competência para a elaboração e a aprovação dos planos de do procedimento para a sua formação*, ou o do *dever de fundamentação do plano* e o da *proibição de planos meramente negativos*, até aos *princípios da hierarquia, da contra-corrente e da articulação*, que apresentando-se também, à semelhança do anterior, de origem externa, conduzem as relações entre as normas dos planos, passando, por exemplo, pelos *princípios da justa ponderação e da superação dos conflitos de interesses coenvolvidos nos planos, da garantia constitucional do direito de propriedade privada, da separação das utilizações urbanisticamente incompatíveis*, e pelo indispensável limite interno do *princípio da igualdade* (nas suas várias dimensões de relevância)[103], propomos reflectir um pouco nas linhas subsequentes, por julgarmos fundamental para a aproximação ao nosso tema de estudo, sobre o *princípio da tipicidade dos planos*, aliás, um dos subprincípios do já aludido princípio da legalidade, e que, como nos diz FERNANDO ALVES CORREIA[104], expressa a ideia de que "a Administração não pode elaborar os planos que entender, mas apenas aqueles que a lei prevê de modo *típico*"[105].

---

limitações ou condicionamentos que têm de ser obrigatoriamente observados antes de o órgão competente se debruçar sobre uma determinada decisão de planificação", e os princípios de índole *interna*, que "colocam, no *interior* do espaço da discricionaridade de planeamento, limitações na escolha entre as várias soluções alternativas a consagrar numa concreta decisão planificatória".

[101] Para uma descrição detalhada dos princípios jurídicos estruturais dos planos mais relevantes cfr. FERNANDO ALVES CORREIA, "*Manual de Direito...*", ob. cit., p 406-441.

[102] Cfr. o n.º 1 do Artigo 84.º do *Regime jurídico dos Instrumentos de Gestão do Território*, de acordo com o qual o *plano director municipal estabelece o modelo de estrutura espacial do território municipal, constituindo uma síntese da estratégia de desenvolvimento e ordenamento local prosseguida, integrando as opções de âmbito nacional e regional com incidência na respectiva are de intervenção.*

[103] Acerca da relação entre este princípio e o plano urbanístico cfr. a dissertação de Doutoramento de FERNANDO ALVES CORREIA, "*O Plano Urbanístico e o Princípio da Igualdade*", ob. cit.

[104] Cfr. FERNANDO ALVES CORREIA, "*Manual de Direito...*", ob. cit., p. 407.

[105] Aliás, uma manifestação de tal princípio pode ser encontrada, por exemplo, no Preâmbulo da *Resolução do Conselho de Ministros n.º 24/94*, publicada no *Diário da República*, I Série-B, N.º 94, de 22 de Abril de 1994, p. 1941-1958, que rectificou a *Plano Director Municipal de Coimbra*, e de acordo com o qual a figura de "estudos de conjunto" – referida no Artigo 70.º do *Regulamento* do mesmo – "não existe", motivo pelo qual o desenvolvimento do conteúdo normativo do plano bem como a modificação de algum dos seus preceitos apenas podem

A tipificação de algumas características dos planos

Ora se como tivemos oportunidade de verificar, e como acto jurídico público que é, o plano urbanístico, enquanto "declaração de vontade que impõe consequências jurídicas"[106], não se pode então furtar à tipificação legal, sob pena de ele, ou alguma das suas disposições, incorrer do vício de *ilegalidade*[107], é então a algumas das características legalmente tipificadas dos planos que dedicaremos a nossa atenção nas linhas subsequentes, até porque, segundo cremos, é indagando sobre algumas delas que teremos a possibilidade de alicerçar o nosso tema central de reflexão, alicerce esse que consideramos ser constituído pela proximidade existente entre algumas das características tipificadas para os planos e as de algumas figuras mobilizadas em sede de direito do urbanismo, e que nos permite considerar estas últimas como figuras de natureza planificatória.

Assim, do elenco de características tipificadas para os instrumentos planificatórios previsto tanto na *Lei de Bases da Política de Ordenamento do Território e de Urbanismo* como no *Regime Jurídico dos Instrumentos de Gestão Territorial*, é possível distinguir a *designação* ou *nome* dos planos, os *fins* ou *objectivos* respectivos, o *conteúdo* (tanto *material* como *documental*, este último com referência aos seus elementos *fundamentais*, *complementares* e *anexos*), a *eficácia jurídica* das suas normas, as *fases do procedimento de formação* e *dinâmica*, bem como as características relacionadas com a *violação e contencioso* dos mesmos[108]. Ora abrangendo diferentes nomes ou designa-

---

ter lugar "pelas formas previstas no Decreto-Lei n.º 69/90, de 2 de Março, designadamente através de planos de pormenor e de planos de urbanização". Sobre o *princípio da tipicidade dos planos* servir, frequentemente, de fundamento à recusa de ratificação de disposições de Regulamentos de PDM que remetiam a sua densificação para figuras planificatórias não contempladas na lei cfr. FERNANDO ALVES CORREIA, "*Manual de Direito...*", ob. cit. p. 407.

[106] Cfr. JOSÉ M.ª BOQUERA OLIVER, "*Los Componentes del Plan de Urbanismo*", in Revista de Derecho Urbanístico, N.º 127, Año XXVI, Marzo/Abril 1992, p. 40.

[107] Para mais desenvolvimentos acerca dos *vícios* dos planos urbanísticos que abrem a via da sua impugnação contenciosa junto dos tribunais administrativos cfr. FERNANDO ALVES CORREIA, "*O Contencioso...*", ob. cit., p. 31-40; do mesmo autor, "*Estudos de Direito...*", ob. cit., p. 137-140; "*A Impugnação Jurisdicional de Normas Administrativas*", in Cadernos de Justiça Administrativa, N.º 16, Julho/Agosto 1999, p. 16-27; e "*Manual de Direito...*", ob. cit., p. 448-475. Sobre o contencioso de contratos administrativos em geral, já que é nesta categoria que, segundo tivemos oportunidade de referir, se enquadram os denominados de *convénios* ou *acordos urbanísticos*, cfr., por exemplo, MARIA JOÃO ESTORNINHO, "*Contencioso dos Contratos da Administração Pública*", in Cadernos de Justiça Administrativa, N.º 16, Julho/Agosto 1999, p. 28-32; e PEDRO GONÇALVES, "*O Contrato Administrativo. Uma Instituição do Direito Administrativo do Nosso Tempo*", Coimbra, Livraria Almedina, 2003, p. 147 e segs.

[108] Sobre a tipificação de algumas das características dos planos urbanísticos cfr. FERNANDO ALVES CORREIA, "*O Contencioso...*", ob. cit., p. 27.

ções[109], prosseguindo múltiplos interesses (que de acordo com FERNANDA PAULA OLIVEIRA[110], e num quadro de interacção coordenada, podem organizar-se em três âmbitos distintos: o *âmbito nacional*, o *âmbito regional* e o *âmbito municipal*[111]), e passíveis de ser classificados, entre outros critérios, em função dos destinatários das respectivas normas, ou seja, em função da sua eficácia jurídica[112], ou do grau analítico das suas disposições (em função, portanto, do respectivo conteúdo)[113], a nossa legislação prevê então uma pluralidade de tipos de instrumentos planificatórios, concretizando-se assim o *princípio jurídico fundamental da tipicidade dos planos*. Por último, ainda uma breve nota acerca do "fechar" deste princípio pelo legislador, ao determinar, no Artigo 34.º da *Lei*

---

[109] Que incluem, de acordo com a LBPOTU e o RJIGT, o *Programa Nacional da Política de Ordenamento do Território*, os *Planos Sectoriais*, os *Planos Especiais de Ordenamento do Território* (ou seja, os *Planos de Ordenamento de Áreas Protegidas*, os *Planos de Ordenamento de Albufeiras de Águas Públicas* e os *Planos de Ordenamento da Orla Costeira*), os *Planos Regionais de Ordenamento do Território*, os *Planos Intermunicipais de Ordenamento do Território*, bem como os *Planos Municipais de Ordenamento do Território* nas suas modalidades de *Planos Directores Municipais*, *Planos de Urbanização* e *Planos de Pormenor*, estes últimos incluindo as modalidades simplificadas de *Projecto de Intervenção em Espaço Rural*, *Plano de Edificação em Área Dotada de Rede Viária*, *Plano de Conservação, Reconstrução e Reabilitação Urbana*, *Plano de Alinhamento e Cércea*, e *Projecto Urbano*.

[110] Cfr. FERNANDA PAULA OLIVEIRA, "*Direito do Urbanismo*", ob. cit., p. 14-15.

[111] De acordo com a autora citada, enquadram-se no âmbito nacional o *Programa Nacional da Política de Ordenamento do Território*, os *Planos Sectoriais* e os *Planos Especiais*; no âmbito regional enquadram-se os *Planos Regionais de Ordenamento do Território*; e no âmbito municipal encontramos os *Planos Intermunicipais* e *Municipais de Ordenamento do Território*.

[112] Sobre a classificação dos planos territoriais com base na eficácia jurídica, a qual compreende a *autoplanificação* (que engloba os planos que produzem efeitos jurídicos ou que vinculam os próprios sujeitos de direito público a quem são imputados os planos, ou seja, todos os tipos de planos), a *heteroplanificação* (a qual abrange os planos que vinculam outras entidades públicas para além daquela que os elaborou e aprovou, isto é, também todos os planos) e a *planificação plurisubjectiva* (que compreende os planos que vinculam directa e imediatamente os particulares, ou seja, de acordo com o n.º 2 do Artigo 11.º da LBPOTU e com o n.º 2 do Artigo 3.º do RJIGT, os *Planos Municipais* e os *Planos Especiais de Ordenamento do Território*), cfr. FERNANDO ALVES CORREIA, "*O Plano urbanístico...*", ob. cit., p. 208 e segs.; bem como do mesmo autor, "*Manual de Direito...*", ob. cit., p. 261-265.

[113] De acordo com FERNANDO ALVES CORREIA, "*Manual de Direito...*", ob. cit., p. 257 e segs., o fundamento desta classificação tem por base a ideia de que a planificação se realiza segundo um "processo de concretização progressiva", existindo, assim, planos detentores de um maior grau de *analiticidade* ou concretização do que outros. No dizer deste autor, que cita G. SCIULLO, a classificação com base neste critério é a seguinte: *planificação projectiva* (na qual se enquadram o *Programa Nacional da Política de Ordenamento do Território* bem como os *Planos Regionais de Ordenamento do Território*), *planificação determinativa* (tendo como exemplos os *Planos Directores Municipais*, os *Planos de Urbanização* e os *Planos Especiais de Ordenamento do Território*) e *planificação-acto* (cujo exemplo mais expressivo é o *Plano de Pormenor*).

de Bases da Política de Ordenamento do Território e de Urbanismo, que devem ser reconduzidos, no âmbito do sistema de planeamento estabelecido pela referida lei, ao tipo de instrumento de gestão territorial que se revele adequado à sua vocação específica, todos os instrumentos de natureza legal ou regulamentar com incidência territorial existentes[114].

A excepção das modalidades simplificadas de planos de pormenor

Demonstrando a existência de uma atenuação ao rigor do *princípio da tipicidade dos planos* acima descrito[115], faremos então de seguida uma breve menção ao conjunto de *modalidades simplificadas* de *Plano de Pormenor* previstas no n.º 2 do Artigo 91.º do *Regime Jurídico dos Instrumentos de Gestão Territorial*, e que, por deliberação da câmara municipal, podem adoptar as formas de *Projecto de Intervenção em Espaço Rural, Plano de Edificação em Área Dotada de Rede Viária, Plano de Conservação, Reconstrução e Reabilitação Urbana, Plano de Alinhamento e Cércea*, e *Projecto Urbano*.

Admitidas no nosso ordenamento jurídico-urbanístico, no dizer de FERNANDO ALVES CORREIA[116], com fundamento na sua simplicidade de estrutura e na sua flexibilidade[117], detendo assim, uma "grande importância para um correcto ordenamento urbanístico do espaço", estas figuras planificatórias caracterizam-se essencialmente por serem, em simultâneo, figuras *especiais*

---

[114] Note-se que, para efeitos de aplicação deste preceito, o Artigo 154.º do *Regime Jurídico dos Instrumentos de Gestão Territorial* incumbiu às Comissões de Coordenação e Desenvolvimento Regional (CCDR) a identificação, no prazo de um ano, das normas directamente vinculativas dos particulares a integrar em *Plano Especial* ou em *Plano Municipal de Ordenamento do Território*, após o que, no prazo de 180 dias, as entidades responsáveis por estes (câmaras municipais e Governo) deverão alterá-los de modo a absorverem aquelas normas. Como anota FERNANDA PAULA OLIVEIRA, "*Direito do Ordenamento...*", ob. cit., p. 76-77, "isto significa que a vinculação dos particulares só é possível através da conversão de normas actualmente existentes em PMOT e PEOT, cumpridas as regras relativas à respectiva elaboração, aprovação e entrada em vigor, tendo em atenção que no prazo máximo de 2 anos após a entrada em vigor do Decreto-Lei n.º 380/99, a integração nos instrumentos correspondentes deve estar concluída. Volvidos que são estes dois anos, cumpre questionar se tal conversão já ocorreu, para o que terá, infelizmente de se dar resposta negativa".

[115] Neste sentido cfr. FERNANDO ALVES CORREIA, "*Manual de Direito...*", ob. cit., p. 394, e p. 407-408; bem como FERNANDA PAULA OLIVEIRA, "*A Realidade Actual...*", ob. cit., p. 51.

[116] Cfr. FERNANDO ALVES CORREIA, "*Manual de Direito...*", ob. cit., p. 407-408.

[117] Para mais desenvolvimentos acerca da flexibilidade, entre outras características técnicas, por exemplo, da figura do *Plano de Alinhamentos e Cérceas*, bem como de outras figuras similares, tais como, *v. g.*, o *Estudo de Pormenor*, o *Estudo de Quarteirão*, o *Estudo de Conjunto*, o *Estudo Prévio de Plano*, etc., cfr. MANUEL FERNANDES DE SÁ, "*Planos Operativos de Escala Intermédia – Caracterização Técnica e Arquitectónica*", in Sociedade e Território – Revista de Estudos Urbanos e Regionais, N.º 33, Fevereiro 2002, p. 53 e segs.

(quando comparadas com a modalidade geral de *Plano de Pormenor*), e figuras *simplificadas* (tanto a nível do *conteúdo material*, devido particularmente à sua forte componente projectual, que varia em função das finalidades prosseguidas, como, desde a mais recente alteração ao *Regime Jurídico dos Instrumentos de Gestão Territorial* operada pelo *Decreto-Lei n.º 310/2003, de 10 de Dezembro*, a nível *procedimental*, pois como menciona o seu Preâmbulo "importa, por seu turno, conferir operatividade à figura simplificada do plano de pormenor", tendo sido então introduzidas algumas alterações nesta matéria)[118].

De facto, tidas durante muito tempo como figuras de *planeamento informal*, por se tratar de instrumentos sem previsão legal[119], figuras como *v. g.* o *Plano de Alinhamento e Cércea* ou o *Projecto Urbano*, cuja principal característica é, como nos diz NUNO PORTAS[120], associar "características de *projecto* e características de *plano*", ou seja, figuras que regulam a *edificação* e projectam com rigor o traçado do *espaço colectivo*, podendo este, de acordo com o mesmo autor, ser público ou privado ou concessionado mas de uso colectivo, eram muitas vezes utilizadas como uma forma de actuar alternativa à "rigidez formal e processual da tramitação e da aprovação dos planos", esta última apontada como inibidora do desenvolvimento do processo de planeamento em tempo útil e adequado[121]. Deste modo, e por serem frequentemente identificadas como instrumentos que permitem auxiliar o desenvolvimento e fixar o processo negocial urbanístico, ou seja, entendidas como imprescindíveis ao processo de gestão urbanística municipal, estas figuras informais de planificação que "surgem para sustentar solicitações concretas, às quais é imperioso dar resposta a curto prazo" foram então, no *Regime Jurídico dos Instrumentos de Gestão Territorial*, regu-

---

[118] Sobre as características das modalidades simplificadas de *Plano de Pormenor*, sob o ponto de vista jurídico, cfr. SOFIA DE SEQUEIRA GALVÃO, "*Imediata Exequibilidade do Regime Jurídico Aplicável a Modalidades Simplificadas de Plano de Pormenor*", *in* Revista Jurídica do Urbanismo e do Ambiente, N.º 20, Dezembro 2003, p. 97-102.

[119] Cfr. MANUEL FERNANDES DE SÁ, "*Planos Operativos...*", ob. cit., p. 53 e segs.

[120] Cfr. NUNO PORTAS, "*Depoimento...*", ob. cit., p. 19.

[121] Para mais desenvolvimentos acerca das principais críticas apontadas aos níveis de adequação dos instrumentos de planeamento do período que antecedeu a publicação do *Decreto-Lei n.º 380/99, de 22 de Setembro*, cfr. o Relatório "*Planos Operativos de Escala Intermédia – Caracterização Técnica e Arquitectónica*", realizado na Faculdade de Arquitectura da Universidade do Porto, no âmbito do "*Contrato de Investigação Científica no Domínio do Ordenamento do Território e do Desenvolvimento Urbano*", co-financiado pela Direcção-Geral do Ordenamento do Território e Desenvolvimento Urbano e pela Junta Nacional de Investigação Científica e Tecnológica, e apresentado em Março de 1998. Com efeito, como se refere neste relatório, figuras como *v. g.* os *Planos de Alinhamentos e Cérceas*, constituíam efectivamente, neste período, "um instrumento muito eficaz para orientar a gestão urbanística", que "além de criarem condições para a negociação, são instrumentos mais expeditos e pouco dispendiosos".

lamentadas e revertidas para a figura de plano com elas mais consentâneas, ou seja, a figura do *Plano de Pormenor*[122].

No que se relaciona com a tramitação do procedimento administrativo de elaboração e aprovação destas figuras planificatórias, é ainda de referir que também este apresenta algumas especialidades em relação ao procedimento dos *Planos de Pormenor* de fisionomia geral, sendo operadas sobretudo pelo *Decreto-Lei n.º 310/2003, de 10 de Dezembro*, e que se consubstanciam na redução do prazo mínimo de *participação preventiva* de 30 dias para 15 dias (cfr. o n.º 3 do Artigo 77.º); na redução, em sede de *acompanhamento*, do prazo para emissão de pareceres das entidades representativas de interesses a ponderar, o qual é de 22 dias e não de 44 dias (cfr. o n.º 9 do Artigo 75.º); na dispensa de submissão obrigatória a *concertação*, que, quando realizada "por decisão da câmara municipal e nos termos por esta definidos" se traduz em *reuniões de concertação* (cfr. o n.º 6 do Artigo 76.º); bem como no que se relaciona com a *discussão pública*, a qual de acordo com o n.º 6 do Artigo 77.º deve ser anunciada com a antecedência mínima de 5 dias (e não de 10 dias como no *Plano de Pormenor* de fisionomia geral), não podendo ser inferior a 15 dias (e não 22 dias)[123].

Outros planos relativos à ocupação, uso e transformação do solo

Por fim, e para completar esta parte introdutória, resta referir que além dos tipos de planos urbanísticos tipificados na *Lei de Bases da Política de Ordenamento do Território e de Urbanismo* e no *Regime Jurídico dos Instrumentos de Gestão Territorial*, existe ainda uma variedade de outros planos definidores de regras relativas à ocupação, uso e transformação do solo[124], já que é neste sentido que entendemos a noção de Urbanismo, tais como, e citando apenas alguns exemplos, os *Planos de Recursos Hídricos*, os *Planos de Ordenamento Florestal*, os *Planos de Ordenamento Cinegético*, ou os *Planos de Pormenor de Salvaguarda do Património Cultural*.

Relativamente aos primeiros, é de referir que estes são definidos pelo *Decreto-Lei n.º 45/94, de 22 de Fevereiro*, que, regulando o processo de planeamento de recursos hídricos, considerado este último como fundamental para "uma correcta gestão dos recursos hídricos", na medida em que, como menciona o Preâmbulo do referido diploma, o meio hídrico, como ecossistema, se

---

[122] Para mais desenvolvimentos cfr. MANUEL FERNANDES DE SÁ, "*Planos Operativos...*", ob. cit., p. 53 e segs.

[123] Acerca das especialidades do procedimento de elaboração e aprovação das modalidade simplificadas de plano de pormenor cfr., também, SOFIA DE SEQUEIRA GALVÃO, "*Imediata Exequibilidade...*", ob. cit., p. 101-102

[124] Neste sentido cfr. FERNANDA PAULA OLIVEIRA, "*A Realidade Actual...*", ob. cit., p. 49.

reveste de enorme sensibilidade, requerendo por isso a tomada de medidas específicas de salvaguarda das suas características biofísicas, estabelece disposições sobre o procedimento de elaboração e aprovação dos Planos de Recursos Hídricos. De acordo com o mencionado diploma, o planeamento de recursos hídricos, concretizado mediante os *Planos de Recursos Hídricos* (que compreendem o *Plano Nacional da Água* e os *Planos de Bacia Hidrográfica*[125], podendo ainda existir planos que abranjam pequenos cursos de água relativamente aos quais se justifique o mencionado plano por razões ambientais), tem por objectivos gerais a valorização, a protecção e a gestão equilibrada dos recursos hídricos nacionais, assegurando a sua harmonização com o desenvolvimento regional e sectorial através da economia do seu emprego e racionalização dos seus usos[126]. Quanto aos *Planos de Ordenamento Florestal*, instrumentos privilegiados de ordenamento e gestão florestal previstos na *Política Florestal*[127], dividem-se em *Planos Regionais de Ordenamento Florestal (PROF)*, previstos no Artigo 5.º da *Lei de Bases da Política Florestal* e contemplados no conjunto das *Medidas prioritárias para a defesa de uma floresta sustentável*, aprovadas pela *Resolução da Assembleia da República n.º 19//2004*, publicada no *Diário da República*, I Série-A, N.º 39, de 16 de Fevereiro de 2004, p. 876; *Planos de Gestão Florestal (PGF)*[128], cujos procedimentos de elaboração, aprovação, execução e alteração são regulados pelos *Decretos-Leis n.ºs 204/99, de 9 de Junho e 205/99, de 9 de Junho*; e *Planos Municipais de Intervenção na Floresta (PMIF)*, regulados pelo *Decreto-Lei n.º 423/93, de 31*

---

[125] Nos termos da alínea *b)* do n.º 1 do Artigo 4.º do *Decreto-Lei n.º 45/94, de 22 de Fevereiro*, os Planos de Bacia Hidrográfica abrangem as seguintes bacias hidrográficas: Bacia hidrográfica do Minho; Bacia hidrográfica do Lima; Bacia hidrográfica do Cávado; Bacia hidrográfica do Ave; Bacia hidrográfica do Douro; Bacia hidrográfica do Leça; Bacia hidrográfica do Vouga; Bacia hidrográfica do Mondego; Bacia hidrográfica do Lis; Bacia hidrográfica das ribeiras do Oeste; Bacia hidrográfica do Tejo; Bacia hidrográfica do Sado; Bacia hidrográfica do Mira; Bacia hidrográfica do Guadiana; e a Bacia hidrográfica das ribeiras do Algarve.

[126] Para mais desenvolvimentos acerca do planeamento dos recursos hídricos cfr. PEDRO CUNHA SERRA, "*Direito das Águas*", Texto de apoio à disciplina de Direito das Águas do Curso de Pós-graduação em Direito do Ordenamento, do Urbanismo e do Ambiente, do CEDOUA, Coimbra, ano lectivo de 2002/03, p. 9 e segs.

[127] Cujas Bases foram aprovadas pela *Lei n.º 33/96, de 17 de Agosto*.

[128] Note-se que a figura do *Plano de Gestão Florestal (PGF)*, em conjunto com a do *Plano de Defesa da Floresta (PDF)* – cuja estrutura tipo é estabelecida através da *Portaria n.º 1185/2004, de 15 de Setembro* –, bem como, quando aplicável, em conjunto com outros *Planos Específicos de Intervenção (PEI)*, constituem, a par de outros, os elementos estruturantes das *Zonas de Intervenção Florestal (ZIF)*, estas últimas presentes no conjunto das *Linhas orientadoras da reforma estrutural do sector florestal*, aprovadas pela *Resolução do Concelho de Ministros n.º 178/2003, de 17 de Novembro*, e cujo regime de criação e princípios reguladores da constituição, funcionamento e extinção estão previstos no *Decreto-Lei n.º 127/2005, de 5 de Agosto*.

de Dezembro[129]. No que concerne aos *Planos de Ordenamento Cinegético*, previstos no Artigo 7.º do *Decreto-Lei n.º 227-B/2000, de 15 de Setembro*[130], dispõe o referido diploma que estes visam garantir que, numa determinada área, se assegure a conservação, fomento e exploração racional das espécies cinegéticas, bem como dispõe ainda que, quando várias zonas constituam uma unidade biológica para determinada população cinegética devem existir *planos globais de gestão*, que definem as normas de ordenamento e exploração a aplicar, os quais são elaborados pela Direcção-Geral das Florestas. Por fim, e em relação aos *Planos de Pormenor de Salvaguarda de Património Cultural*, resta referir que estes são previstos no Artigo 53.º da *Lei n.º 107/2001, de 8 de Setembro*, diploma que aprova a *Lei de Bases da Política e do Regime de Protecção e Valorização do Património Cultural*. De acordo com o artigo citado, o acto que decrete a classificação de monumentos, conjuntos ou sítios nos termos do n.º 15 da referida Lei de Bases, ou em vias de classificação como tal, obriga o município, em parceria com os serviços da administração central ou regional autónoma responsáveis pelo património cultural, ao estabelecimento do mencionado *plano de pormenor de salvaguarda* para a área a proteger[131]. Ora como nos diz SUZANA TAVARES DA SILVA[132], a existência de um plano de pormenor de salvaguarda é também determinante para a simplificação dos procedimentos de licenciamento de obras, pois de acordo com o n.º 2 do Artigo 54.º após a entrada em vigor do referido plano, podem os municípios licenciar as obras projectadas em conformidade com as disposições daquele, sem dependerem do parecer definido no n.º 1 do mesmo Artigo, vigorando no entanto o dever de comunicação, por parte dos municípios, das licenças concedidas

---

[129] Acerca da qualificação dos *Planos Regionais de Ordenamento Florestal* como *Planos Sectoriais* de ordenamento do território, na medida em que definem, de acordo com o seu conteúdo material, "cenários e estratégias de desenvolvimento das potencialidades florestais regionais", sendo elaborados por órgãos da Administração Central, cfr. FERNANDO ALVES CORREIA, "*Manual de Direito...*", ob. cit., p. 212. Sobre a equiparação dos *Planos de Gestão Florestal* aos *Projectos de Intervenção em Espaço Rural* (sendo esta uma das modalidades simplificadas de *Plano de Pormenor* previstas no n.º 2 do Artigo 91.º do *Regime Jurídico dos Instrumentos de Gestão Territorial*), cfr. DULCE MARGARIDA DE JESUS LOPES, "*Regime Jurídico Florestal: A Afirmação de um Recurso*", *in* Revista do Centro de Estudos de Direito do Ordenamento, do Urbanismo e do Ambiente, N.º 11, Ano VI, N.º 1 de 2003, p. 74.

[130] Que regulamenta a *Lei n.º 173/99, de 21 de Setembro*, aprovando esta última a *Lei de Bases Gerais da Caça*.

[131] Note-se que de acordo com o n.º 2 do mesmo Artigo, a administração do património cultural competente pode ainda determinar a elaboração de um *plano integrado*, salvaguardando a existência de qualquer instrumento de gestão territorial já eficaz, reconduzindo a instrumento de política sectorial nos domínios a que deva dizer respeito.

[132] Cfr. SUZANA MARIA CALVO LOUREIRO TAVARES DA SILVA, "*Da 'Contemplação da Ruína' ao Património Sustentável. Contributo para uma Compreensão Adequada dos Bens Culturais*", *in* Revista do Centro de Estudos de Direito do Ordenamento, do Urbanismo e do Ambiente, N.º 10, Ano V, N.º 2 de 2002, p. 80-81.

à administração do património cultural competente. Todavia a aprovação dos *Planos de Pormenor de Salvaguarda* dependente ainda da aprovação da legislação de desenvolvimento competente, com a qual se espera vir a esclarecer melhor o âmbito da extensão deste tipo de planos, de modo a determinar a sua categoria[133].

---

[133] Recorde-se que FERNANDO ALVES CORREIA, "*Propriedade de Bens Culturais – Restrições de Utilidade Pública, Expropriações e Servidões Administrativas*", in (Coord.) JORGE MIRANDA/JOÃO MARTINS CLARO/MARTA TAVARES DE ALMEIDA, "*Direito do Património Cultural*", [*S. l.*], Instituo Nacional de Administração, 1996, p. 415, qualificava os *Planos de Salvaguarda do Património Cultural* consagrados na anterior Lei do Património Cultural Português (aprovada pela *Lei n.º 13/85, de 6 de Julho*) como *Panos Especiais de Ordenamento do Território*, na medida em que se configuravam, segundo este autor, como instrumentos normativos, da iniciativa a administração directa ou indirecta do Estado, que fixavam "princípios e regras quanto à ocupação, ao uso e à transformação do solo na área por eles abrangida, visando a satisfação de um interesse público concreto através de um correcto ordenamento do território". Sobre o entendimento dos actuais *Planos de Pormenor de Salvaguarda* como *Planos Sectoriais* de ordenamento do território cfr. SUZANA MARIA CALVO LOUREIRO TAVARES DA SILVA, "*Da 'Contemplação da...*", ob. cit., p. 80.

FIGURAS PLANIFICATÓRIAS DE NATUREZA URBANÍSTICA NÃO EXPRESSAMENTE DESIGNADAS COMO PLANOS PELA LEI

ENQUADRAMENTO DA PLANIFICAÇÃO SEM PLANOS NA PLANIFICAÇÃO URBANÍSTICA

Terminada a parte introdutória do estudo de que nos ocupamos, entendemos que é então chegado o momento de reflectirmos acerca do principal tema da nossa investigação, isto é, sobre a *planificação sem planos*. Todavia, e para um mais exacto enquadramento desta planificação na actividade geral de planificação urbanística, afigura-se-nos de alguma conveniência, antes de avançarmos para o referido tema, alertar, a título de esclarecimento prévio, para o conceito de *planificação sem planos* utilizado no presente trabalho. Com efeito, associada a esta planificação é possível encontrar dois outros conceitos que apresentam características muito próximas daquela forma de actuar e que com ela se podem confundir, sendo eles o conceito de *planificação informal* e o conceito de *planificação contínua*. Comecemos então por uma breve análise acerca das principais questões respeitantes a estas três noções.

Planificação informal

Integrada naquelas que a doutrina tem vindo a designar de "*actuações informais*"[134], e que, enquanto "práticas e actividades da Administração que não possam ser reconduzidas a categorias legais de actuações administrativas" se desenvolvem em vários domínios, adquirindo no entanto um especial significado na actividade urbanística, a *planificação informal* apresenta-se actualmente como uma forma de actuar alternativa, e não raramente paralela, ao tra-

---

[134] Cfr., entre nós, SUZANA MARIA CALVO LOUREIRO TAVARES DA SILVA, "*Actuações Urbanísticas...*", ob. cit., p. 55.

dicional modo de agir da Administração Urbanística. Necessidade de modernização do Direito Administrativo, "fuga para o Direito Privado", ou substituição de actos de autoridade por acordos, ou convénios com os administrados, são várias as justificações aguçadas pela doutrina administrativista para o aparecimento deste tipo de actuações[135]. Na verdade, e apresentando o Direito do Urbanismo todo um conjunto complexo de fontes[136], que, por sua vez, constituem um dos *traços particulares* que singularizam este ramo do Direito Público, não poderia este, como nos diz SUZANA TAVARES DA SILVA[137], ficar imune ao contexto actual de simplificação e aceleração dos procedimentos administrativos. Com efeito, são convergentes as várias opiniões críticas ao estado actual do direito urbanístico, e que apontam para a utilização de actuações urbanísticas informais. Do excesso de regulamentação e deficiente qualificação e definição de "interessados ambientais", passando pelo ineficaz sistema de fiscalização, apontados *v. g.* por RITTER[138], à "rigidez formal e processual da tramitação e da aprovação dos planos", já anteriormente aflorada[139], são várias as "imperfeições" assinaladas como inibidoras do desenvolvimento dos processos de planificação e de gestão urbanísticas em tempo útil e adequado.

No âmbito da planificação urbanística esta rigidez, associada ainda à característica da inflexibilidade, reflecte-se, como relata MANUEL FERNANDES DE SÁ[140], numa evidente "inoperacionalidade e inércia do processo de planea-

---

[135] Cfr., por exemplo, JOSÉ EDUARDO FIGUEIREDO DIAS/FERNANDA PAULA OLIVEIRA, "*Direito Administrativo*", ob. cit., p. 20 e segs.; bem como SUZANA MARIA CALVO LOUREIRO TAVARES DA SILVA, "*Actuações Urbanísticas...*", ob. cit., p. 55 e segs. Acerca dos fenómenos da "*desregulação*" e da "*aceleração e simplificação de procedimentos*" que acompanham as actuações informais cfr., entre nós, MARIA JOÃO ESTORNINHO, "*A Fuga para o Direito Privado*", Coimbra, Livraria Almedina, 1996; GUIDO CORSO, "*Attivitá Economica Privata e Deregulation*", *in* Rivista Trimestrale di Diritto Pubblico, N.º 3, 1998, p. 629 e segs., no ordenamento italiano; e, na doutrina germânica, KRÄGER, "*Beschleunigung von Planungs – und Genehmigungsverfahren – Deregulierung in der Rechtsetzung in Deutchland und in der Europäischen Union*", *in* Natur+Recht, N.º 8, 1997, p. 390.

[136] Sobre a *complexidade das fontes* e a *mobilidade das normas* que integram o direito do urbanismo cfr. FERNANDO ALVES CORREIA, "*Estudos de Direito...*", ob. cit., p. 99-100; bem como "*Manual de Direito...*", ob. cit., p. 49 e segs. No dizer deste autor, "com a primeira expressão, quer significar-se que no direito do urbanismo aparecem conjugadas normas jurídicas de âmbito geral e regras jurídicas de âmbito local, assumindo estas (de que se destacam as constantes dos planos urbanísticos) um relevo particular. A segunda locução expressa a ideia de uma certa *infixidez ou instabilidade* das normas do direito do urbanismo, a qual se manifesta não apenas na alteração frequente das normas jurídicas urbanísticas aplicáveis ao todo nacional mas também na *flexibilidade* dos planos urbanísticos".

[137] Cfr., entre nós, SUZANA MARIA CALVO LOUREIRO TAVARES DA SILVA, "*Actuações Urbanísticas...*", ob. cit., p. 56-57.

[138] Cfr. RITTER, "*Bauordnung in der Deregulierung*", *apud* SUZANA MARIA CALVO LOUREIRO TAVARES DA SILVA, "*Actuações Urbanísticas...*", ob. cit., p. 57.

[139] *Vide* nota ([121]) do presente trabalho.

[140] Cfr. MANUEL FERNANDES DE SÁ, "*Planos Operativos...*", ob. cit., p. 47 e segs.

mento, o qual, como se sabe, exige alterações de trajectória muitas vezes imprevisíveis", sendo essa inoperacionalidade mais visível, segundo o mesmo autor, quer a nível do relacionamento entre a Administração Local e os privados, quer a nível do relacionamento entre a Administração Central e Local. Ora é precisamente a operacionalização de processos e procedimentos de planificação e de gestão urbanísticas, bem como a concretização destes, o objecto último da utilização de instrumentos e planificação informais. Esses instrumentos, e uma vez mais de acordo com o autor que temos vindo a referenciar[141], são apelidados frequentemente de *Estudo de Pormenor*, de *Estudo de Quarteirão*, de *Estudo de Conjunto*, de *Estudo Prévio de Plano*, de *Estudo de Eixo*, de *Arranjo Urbanístico*, mas principalmente de *Estudos Urbanísticos*. De facto, como descreve MANUEL FERNANDES DE SÁ[142], a utilização generalizada de instrumentos de planificação informal é defendida essencialmente, tanto porque, não possuindo *eficácia jurídica*, estes instrumentos permitem desenvolver reajustamentos e negociações com particulares, apoiadas num "plano" que define as regras básicas de gestão para a área em estudo, como porque permitem ainda enquadrar e coordenar iniciativas de privados, compatibilizar loteamentos, sugerir soluções urbanísticas alternativas aos promotores, pormenorizar planos de ordem superior, visualizar imagens urbanas, *etc*. No que se refere ao *conteúdo*, resta referir que estas figuras de planificação informal possuem conteúdos e formas de representação bastante diversificadas, na medida em que procuram adequar-se a objectivos definidos caso a caso, visando disciplinar a ocupação do território e evitar as transformações urbanas processadas através de iniciativas individuais e descoordenadas.

Todavia, e sendo apontada como imprescindível ao processo de gestão urbanística municipal[143], no "sentido da resolução objectiva dos problemas, em oposição à concretização das intervenções parcelares sucessivas", este tipo de actuação, baseada em estudos informais de planificação, compreende ainda outros procedimentos, tais como *v. g.*, a elaboração de loteamentos particulares por parte da câmaras municipais[144]; a elaboração, também por parte das câmaras municipais, e enquadrados pelo Plano Director Municipal ou pelo Plano de Urbanização, de estudos que não são remetidos para ratificação mas que são, por vezes, submetidos a aprovação da assembleia municipal; bem como a elaboração de Planos de Urbanização e de Planos de Pormenor, pelas câmaras munici-

---

[141] Cfr. MANUEL FERNANDES DE SÁ, "*Planos Operativos...*", ob. cit., p. 53 e segs.
[142] Cfr. MANUEL FERNANDES DE SÁ, "*Planos Operativos...*", ob. cit., p. 53 e segs.
[143] Cfr. MANUEL FERNANDES DE SÁ, "*Planos Operativos...*", ob. cit., p. 54.
[144] De acordo com MANUEL FERNANDES DE SÁ, "*Planos Operativos...*", ob. cit., p. 54, trata-se de um processo despoletado pela "pressão dos particulares ou por iniciativa camarária, que culmina com a acção formal de apresentação dos projectos de loteamento por parte dos particulares, mas cujo desenvolvimento, elaboração e execução das propostas cabe à câmara municipal".

pais, que não sendo submetidos a registo na Direcção-Geral de Ordenamento do Território e Desenvolvimento Urbano, e ainda que enquadrados pelas regras contidas no Plano Director Municipal, são utilizados como "instrumentos orientadores da Gestão Urbanística".

Assim, não possuindo um figurino pré-estabelecido, e podendo ser do âmbito de um Plano de Urbanização, do âmbito de um Plano de Pormenor ou do âmbito de ambos, em função dos objectivos que se propõem atingir, os instrumentos de planificação informal surgem então essencialmente, como sintetiza MANUEL FERNANDES DE SÁ[145], "para sustentar solicitações concretas, às quais é imperioso dar resposta a curto prazo, e podem ser meros esquemas que plasmam um conjunto de intenções ou pressupostos, a considerar no desenvolvimento de outros estudos e projectos".

Por fim, e a título de breve alusão, referimos ainda que a planificação informal não é exclusiva do modo de agir da nossa Administração Urbanística, como demonstra o exemplo da prática urbanística alemã, na qual, ao lado dos planos municipais formais (o *Flächennutzungsplan* e o *Bebauungsplan*) coexiste um *planeamento informal*. Como nos diz FERNANDA PAULA OLIVEIRA[146], "trata-se de formas que permitem a adequação dos planos existentes, de uma forma mais célere, à realidade em permanente mutação". Segundo a mesma autora, estes planos informais admitidos na prática urbanística alemã caracterizam-se sobretudo por não estarem sujeitos a um processo formal, sendo utilizados como medidas administrativas de ordem interna, não juridicamente vinculativas, passíveis de ser alterados rapidamente, ao contrário do que sucede com os planos formais. No entanto, alerta esta autora, "a existência prática deste tipo de planeamento não põe em causa os princípios da exigibilidade dos planos e da respectiva tipicidade do planeamento municipal: os *Flächennutzungsplan* e os *Bebauungsplan* têm predominância face aos planos informais". De facto, como menciona FERNANDA PAULA OLIVEIRA citando WINFRIED BROHM[147], estes planos informais não devem ser desconsiderados pelos planos formais, na medida em que a doutrina admite que aqueles possam excepcionalmente produzir efeitos, já que não tendo de ser consagrados nos planos formais, devem ser considerados como *interesses públicos a ponderar* no processo da sua elaboração, devendo o seu afastamento ser objecto de uma justificação na ponderação.

---

[145] Cfr. MANUEL FERNANDES DE SÁ, "*Planos Operativos...*", ob. cit., p. 54.

[146] Cfr. FERNANDA PAULA OLIVEIRA, "*Urbanismo Comparado: O Paradigma do Modelo Alemão*", Texto apresentado na Conferência "*Ordenamento do Território e Revisão dos Planos Directores Municipais*", realizada no Pequeno Auditório do Centro de Artes e Espectáculos da Figueira da Foz, a 8 e 9 de Julho de 2003, p. 11.

[147] Cfr. WINFRIED BROHM, "*Öffentliches...*", ob. cit., p. 124 e segs.

Planificação contínua

Como foi já mencionado, um outro conceito que se avizinha do conceito de planificação sem planos é o designado pela doutrina de *planificação contínua*. Utilizado por aqueles que defendem, no dizer de FERNANDA PAULA OLIVEIRA[148], "não ser possível fazer-se uma separação radical entre planeamento e execução, sendo o processo de planeamento visto como um todo interligado entre planear/executar/ e monitorizar", o conceito de planificação contínua está de facto associado ao que TERESA CRAVEIRO PEREIRA designa de "*plano-processo*"[149]. Para esta autora a actividade de planificação é perspectivada como um processo complexo que compreende também a gestão, processo esse que, por sua vez, é concebido como um processo contínuo que exige um eficiente sistema de acompanhamento e monitorização, e o qual é ainda, simultaneamente, definidor de regras de gestão (o designado de *plano-processo*). Ora servindo, segundo a mesma autora, de apoio preferencial ao planeamento estratégico, no *plano-processo* pretende-se então "regular os processos que se geram sem a pretensão de definir estritamente o resultado, considerando que o modo de chegar a este é já uma certa garantia da sua finalidade – em detrimento do Plano-Finalista que se limita à visão 'óptima' de uma região, cidade, bairro ou quarteirão". Deste modo, e não se pretendendo nesta metodologia obter planos, mas sim instaurar fundamentalmente um processo de planeamento gradativo, adaptado a cada situação real, o *plano-processo* pode assim ser definido estruturalmente, de acordo com TERESA CRAVEITO PEREIRA, por três atributos: o *plano-contínuo*[150] (ou a aproximação

---

[148] Cfr. FERNANDA PAULA OLIVEIRA, "*A Realidade Actual...*", ob. cit., p. 44-45.

[149] Cfr. TERESA CRAVEIRO PEREIRA, "*O Plano-Processo no Planeamento Estratégico*", in Sociedade e Território – Revista de Estudos Urbanos e Regionais, N.º 12 Maio de 1990, p. 11-25; e, da mesma autora, "*PDM – Desenvolvimento e Necessidades Territoriais Concretas dos Habitantes e Instituições*", Texto apresentado na Conferência "*Ordenamento do Território e Revisão dos Planos Directores Municipais*", realizada no Pequeno Auditório do Centro de Artes e Espectáculos da Figueira da Foz, a 8 e 9 de Julho de 2003, p. 2.

[150] Para mais desenvolvimentos acerca do *plano-contínuo* perspectivado como um conjunto de ajustamentos sucessivos das estratégias e programas através da introdução de mecanismos de retroacção, cfr., por exemplo, entre outros, MANUEL FERNANDES DE SÁ, "*Os Problemas e a Prática do urbanismo em Portugal*", in "*Direito do Urbanismo*", Coord. DIOGO FREITAS DO AMARAL, ob. cit., p. 49-51, para quem o processo de planeamento deve ser um "processo contínuo, aberto e interactivo"; MANUEL DA COSTA LOBO, "*Noções Fundamentais...*", in "*Direito do Urbanismo*", Coord. DIOGO FREITAS DO AMARAL, ob. cit., p. 36, de acordo com o qual "os planos nunca deviam estar desactualizados, podiam sim, a pouco e pouco, ir inflectindo"; FERNANDO GONÇALVES, "*Evolução Histórica...*", ob. cit., p. 229, defensor do "*planeamento em ciclo sem fim*"; bem como NUNO PORTAS, "*A Execução dos Planos Directores Municipais – Realidades e Perspectivas*", in ASSOCIAÇÃO PORTUGUESA DE DIREITO DO URBANISMO, "*A Execução dos Planos...*", ob. cit., p. 84, segundo o qual após o plano o planeamento continua, já que

sucessiva à realidade); o *plano-orientado* para a gestão do município (ou a explicitação de regras que podem ser provisórias e progressivamente melhoradas); e o *plano-projecto* (ou a explicitação de objectivos e formulação de um programa de acção) para resolução de "*áreas-problemas*" territoriais ou temáticas.

Planificação sem planos

Utilizado por FERNANDO ALVES CORREIA[151] para descrever a existência de planificação ou planeamento sem plano, considerando que a actividade de planeamento pode não confluir necessariamente na aprovação daquele instituto do Direito do Urbanismo, o conceito de *planificação sem planos* é por nós utilizado, como tivemos oportunidade de mencionar na delimitação do nosso tema de estudo, realizada na parte introdutória do presente trabalho, para designar o conjunto daquelas figuras jurídicas de natureza urbanística, que apesar da sua essência planificatória não são todavia expressamente designadas na lei como planos. Assim, dos vários instrumentos com influência directa na possibilidade de ocupação, uso e transformação dos solos para fins urbanísticos passíveis de ser enquadrados nesta designação, como demonstram os exemplos entretanto por nós colhidos[152], seleccionamos apenas seis para reflectirmos. São eles as *Áreas de Desenvolvimento Urbano Prioritário*, as *Áreas de Construção Prioritária*, o *Loteamento Urbano*, os *Conjuntos Turísticos*, os *Parques Industriais* e as *Áreas de Localização Empresarial*. Assim, e para cada um deles, analisaremos então algumas daquelas características que consideramos atestar a sua natureza intrinsecamente planificadora, tais como v. g. os *fins* ou *objectivos* prosseguidos, o *conteúdo* (ou o grau analítico das suas previsões), o *âmbito territorial e temporal de aplicação*, o *procedimento de formação* bem como a *eficácia jurídica* das suas normas, de modo a permitir, como nos diz MARCELLO CAETANO[153], interpretar, entender e valorizar os regimes particulares de cada um deles.

"continua a julgar-se os novos dados, as novas situações face à estratégia e não à conformidade com o plano".

[151] Cfr. FERNANDO ALVES CORREIA, "*Manual de Direito...*", ob. cit., p. 232-233.
[152] *Vide* páginas 13-15 do presente trabalho.
[153] *Vide* nota (¹³) do presente trabalho.

REFLEXÕES SOBRE ALGUMAS FIGURAS PLANIFICATÓRIAS DE NATUREZA URBANÍSTICA NÃO DESIGNADAS *EX PROFESSO* PELA LEI COMO PLANOS

Áreas de Desenvolvimento Urbano Prioritário (ADUP)

De criação obrigatória nos concelhos com mais de 30 000 habitantes, apresentando-se facultativa para os restantes, e consideradas por uma parte da doutrina como instrumentos de natureza intrinsecamente planificadora[154], as figuras urbanísticas denominadas de *Áreas de Desenvolvimento Urbano Prioritário (ADUP)*, cuja disciplina se encontra estabelecida no *Decreto-Lei n.° 152/82, de 3 de Maio*, entretanto alterado pelo *Decreto-Lei n.° 210/83, de 23 de Maio*, contêm de facto vários aspectos no seu regime jurídico que testemunham tal natureza, tais como, por exemplo, o *fim* ou *objectivo* que prosseguem; o *procedimento administrativo* a que obedece a sua delimitação, da responsabilidade das câmaras municipais (cfr. o Artigo 2.°); o *conteúdo material e documental* das mesmas; bem como a *eficácia jurídica* das suas normas (tanto em relação à Administração como em relação aos proprietários dos terrenos por elas abrangidos). Observemos então mais detalhadamente cada uma dessas características.

A nível de *âmbito de aplicação*, e procurando suprir "a falta de terrenos disponíveis para expansões urbanas nos locais apropriados e em tempo oportuno", as ADUP têm como finalidade, de acordo com o Artigo 1.°, servir de suporte ao desenvolvimento urbano para um período máximo de cinco anos, devendo corresponder, a nível de limites espaciais, e na medida do possível, à superfície necessária para absorver o crescimento demográfico previsto para o período fixado[155].

Quanto ao *procedimento administrativo* a que deve obedecer a delimitação das ADUP, dispõe o regime jurídico destas que aquele seja submetido a várias fases, aliás, fases essas, que como veremos, se apresentam muito próximas das fases do procedimento de formação dos planos urbanísticos. Assim, e após a elaboração, por parte da câmara municipal, das propostas de delimitação das ADUP, o referido órgão municipal deve proceder de imediato à sua divulgação através dos meios julgados mais convenientes, nomeadamente editais e publi-

---

[154] Cfr., por todos, FERNANDO ALVES CORREIA, "*O Plano Urbanístico...*", ob. cit., p. 176--177; e "*Manual de Direito...*", ob. cit., p. 242-243.

[155] Note-se que de acordo com o Artigo 6.° do diploma que estabelece a disciplina das ADUP, os objectivos fixados dentro do horizonte temporal definido podem ser ajustados anualmente pela assembleia municipal, podendo também, de acordo com o Artigo citado, tanto o prazo estabelecido como os limites espaciais das ADUP ser revistos na revisão a efectuar no fim do prazo fixado para a vigência das mesmas.

cação nos jornais mais lidos na área do município. Seguidamente, e após a aceitação da participação[156] dos proprietários ou titulares de outros direitos relativos aos terrenos na elaboração das ADUP, através de sugestões ou de propostas de alterações, dentro do prazo que, para esse efeito, lhes for fixado pela câmara municipal, esta última deve então submeter a referida proposta de delimitação a parecer da comissão de acompanhamento constituída para o efeito[157]. Por último, a delimitação das ADUP é proposta à aprovação da assembleia municipal[158], ficando esta última ainda sujeita a ratificação governamental sendo em seguida publicada no *Diário da República* mediante avisos acompanhados das respectivas plantas[159].

No que se refere ao *conteúdo material*, e tendo em conta que nas ADUP, de acordo com o n.º 2 do Artigo 1.º, devem ser providas "todas as componentes urbanísticas indispensáveis à qualidade" do desenvolvimento urbano previsto, dispõe o Artigo 3.º que na delimitação das mesmas se considere, designadamente, o seguinte: o ordenamento do território (atendendo-se particularmente à preservação dos terrenos com potencialidade e uso agrícola, à conservação dos maciços arbóreos, à salvaguarda dos valores culturais e ainda à defesa das áreas que sirvam de suporte de drenagem natural às águas pluviais, bem como às riquezas minerais do solo e do subsolo); os planos directores municipais e os planos de urbanização, ainda que em estudo, ou, na sua falta, os estudos urbanísticos de enquadramento geral dos aglomerados urbanos; as possibilidades técnicas e económicas de implantação de infra-estruturas urbanísticas (atendendo-se às redes de serviço existentes e à constituição geológica dos ter-

---

[156] Como nos diz FERNANDO ALVES CORREIA, "*As Grandes*...", ob. cit., p. 39-40, em relação aos planos urbanísticos, "a *participação* dos particulares tem uma finalidade simultaneamente *subjectiva* (a de tutelar os direitos e os interesses legítimos de que são portadores) e *objectiva* (a de levar ao conhecimento da Administração todos os factos, interesses e circunstâncias objectivamente relevantes para a elaboração do plano)".

[157] Para mais desenvolvimentos acerca da constituição das *comissões de acompanhamento* cfr. o Artigo 7.º do referido *Decreto-Lei n.º 152/82, de 3 de Maio*.

[158] No cumprimento da competência estabelecida na alínea *b)* do Artigo 29.º da *Lei n.º 159/99, de 14 de Setembro*, que estabelece o quadro de transferência de atribuições e competências para as autarquias locais, bem como no seguimento do disposto no n.º 3 do Artigo 53.º da *Lei n.º 169/99, de 18 de Setembro*, alterada pela *Lei n.º 5-A/2002, de 11 de Janeiro*, esta última rectificada pela *Declaração de Rectificação n.º 4/2002*, publicada no *Diário da República, I Série, n.º 31, de 6 de Fevereiro de 2002, p. 958*, e pela *Declaração de Rectificação n.º 9/2002*, publicada no *Diário da República, I Série, n.º 54, de 5 de Março de 2002, p. 1813*, que aprova o *Quadro de Competências, assim como o Regime Jurídico de Funcionamento, dos Órgãos dos Municípios e das Freguesias*.

[159] De acordo com o Artigo 6.º, e após a publicação no *Diário da República*, 2.ª Série, da delimitação, das revisões e ajustamentos das ADUP, mediante avisos acompanhados das respectivas plantas, devem ainda as câmaras municipais divulgá-las através de editais e em dois jornais mais lidos no concelho e de instruções a editar especialmente e que, para o efeito, poderão ser vendidas.

renos a infra-estruturar); a existência de terrenos na titularidade dos municípios ou da administração central; a existência de terrenos abrangidos por projectos de loteamento, aprovados ou em apreciação; bem como a existência de construções e loteamentos clandestinos. Relativamente ao *conteúdo documental*, dispõe o n.º 2 do Artigo 3.º que as propostas de delimitação das ADUP devem ser apresentadas em *peças gráficas* (na escala de 1:2 000 ou de maior pormenor) e *peças escritas* que contenham expressamente: a estrutura viária fundamental e suas relações com o exterior; o zonamento geral; os índices de utilização das diferentes zonas; os regimes legais das habitações previstas; a delimitação das áreas destinadas a escolas e outros equipamentos sociais, incluindo os espaços livres públicos; a delimitação dos terrenos na titularidade dos municípios ou da administração central, dos terrenos abrangidos por projectos de loteamento (aprovados ou em apreciação), bem como das construções e loteamentos clandestinos; as zonas sujeitas a urbanização conjunta; o programa de realização, indicando as respectivas fases e a origem dos recursos financeiros a utilizar pelo município; o valor médio dos terrenos; assim como os direitos e obrigações fundamentais a assumir pelo município no caso de associação com os particulares. Ora diante de tal descrição, entendemos então oportuno referir que é precisamente a nível do conteúdo (especialmente no conteúdo de *natureza técnica*) que julgamos mais se assemelharem as figuras das ADUP e do plano urbanístico, *rectius* do *Plano de Pormenor*, sendo aliás tal equiparação expressamente consagrada pelo legislador, ao instituir no n.º 5 do Artigo 3.º que os elementos referidos para o conteúdo das propostas de delimitação das ADUP podem ser substituídos por *Planos de Pormenor* já existentes ou elaborados para o efeito, claro, desde que contenham ou sejam complementados com todas as indicações já mencionadas[160].

Em relação à *eficácia jurídica* das suas normas, e tendo em consideração a classificação dos planos urbanísticos avançada pela doutrina, que distingue entre *autoplanificação, heteroplanificação* e *planificação plurisubjectiva*[161], é possível afirmar que as ADUP, à semelhança dos *planos municipais de orde-*

---

[160] Sobre a qualificação das ADUP como planos urbanísticos consideramos ainda importante referir, como tivemos já oportunidade de o fazer na delimitação do nosso tema de estudo (*vide* p. 9), que também o *Regime Jurídico da Reserva Agrícola Nacional* o faz, ao definir os solos que não integram a Reserva Agrícola Nacional, no seu Artigo 7.º, reconduzindo no entanto a figura das ADUP às categorias de *Planos Directores Municipais* e *Planos de Urbanização*; o mesmo acontecendo ainda com o *Regime de Gestão Urbanística do Litoral*, que equipara as ADUP à categoria geral de *Planos Municipais de Ordenamento do Território* (cfr. o n.º 1 do Artigo 3.º). Sobre a coincidência a nível de conteúdo material e documental das ADUP com os planos urbanísticos, cfr. ainda, a nível doutrinário, JOÃO PITSCHIELLER/SOFIA ABREU, "*Enquadramento Geral...*", ob. cit., p. 315.

[161] Para mais desenvolvimentos acerca da classificação dos planos urbanísticos com base no critério da sua eficácia jurídica cfr. FERNANDO ALVES CORREIA, "*O Plano Urbanístico...*", ob. cit., p. 208 e segs.; bem como "*Manual de Direito...*", ob. cit., p. 261-265.

namento do território, também se integram na última categoria, na medida em que as suas disposições produzem igualmente efeitos jurídicos *directos* e *imediatos* ou vinculam *directa* e *imediatamente* os particulares, *maxime*, os proprietários dos terrenos abrangidos, quando particulares, como resulta aliás do disposto nos Artigos 8.°, 9.°, 10.° e 11.° do já mencionado *Decreto-Lei n.° 152/82, de 3 de Maio*, alterado pelo *Decreto-Lei n.° 210/83, de 23 de Maio*.

Ora exercendo, assim, uma influência directa na possibilidade de ocupação dos solos, na medida em que, como nos diz FERNANDA PAULA OLIVEIRA[162], "podem condicionar ou impedir que os particulares concretizem a pretensão edificatória que pretendam levar a cabo", é então compreensível que também a sua violação deva ser considerada como fundamento para o *indeferimento* dos pedidos de licenciamento de operações de loteamento, de obras de urbanização e de obras de construção, de reconstrução, de ampliação ou de alteração de edificações[163], como aliás resulta do disposto na alínea *a)* do n.° 1 do Artigo 24.° do *Regime Jurídico da Urbanização e da Edificação*, bem como, de acordo com FERNANDO ALVES CORREIA[164], no Artigo 67.° do mesmo regime, sobre a *invalidade* dos actos de licenciamento ou autorização urbanísticas.

Constituindo, no dizer de MANUEL FERNANDES DE SÁ[165], uma "tentativa de dar solução à implementação de acções urbanísticas em situações de propriedade repartida e de programar o faseamento dessas actuações, no que respeita ao crescimento dos aglomerados urbanos, bem como combater a promoção da urbanização nas áreas não destinadas a esse fim nos Planos de Urbanização", e apesar da criação das ADUP ser obrigatória para as situações acima identificadas, ao que se sabe, nenhum processo de delimitação foi desenvolvido com êxito. Como hipótese de justificação da inoperância desta figura planificatória são então apontados aspectos tais como *v. g.* o seu "grande peso processual e burocrático"; a "possibilidade de ocorrência de excessiva oferta simultânea de solo", bem como o "receio dos eleitos em desenvolver um processo que, para além da determinação do que pode fazer, impõe aos proprietários do solo prazos para aderir ao processo ou para disponibilizar o solo, o que pode ser politicamente impopular"[166].

---

[162] Cfr. FERNANDA PAULA OLIVEIRA, "*As Licenças de...*", ob. cit., p. 1010.

[163] Com efeito, nos termos do n.° 1 do Artigo 20.° do RJUE, bem como no Artigo 21.°, e para além dos planos especiais de ordenamento do território, entre outras figuras de direito do urbanismo, também a apreciação dos projectos de obras edificação, de loteamento, obras de urbanização e trabalhos de remodelação de terrenos incide sobre a sua conformidade com as ADUP.

[164] Cfr. FERNANDO ALVES CORREIA, "*Manual de Direito...*", ob. cit., p. 243.

[165] Cfr. MANUEL FERNANDES DE SÁ, "*Planos Operativos...*", ob. cit., p. 55.

[166] Para mais desenvolvimentos cfr. MANUEL FERNANDES DE SÁ, "*Planos Operativos...*", ob. cit., p. 55. É ainda de referir que, de acordo com ANTÓNIO PEREIRA DA COSTA, "*Direito dos*

Áreas de Construção Prioritária (ACP)

De criação também obrigatória, à semelhança das *Áreas de Desenvolvimento Urbano Prioritário*, mas para as aglomerações com mais de 2500 habitantes, sendo igualmente facultativa para as restantes, as *Áreas de Construção Prioritária (ACP)* contêm um regime muito próximo das mencionadas ADUP. Aliás, testemunho de tal aproximação é a consagração do regime jurídico das ACP no mesmo diploma que disciplina as ADUP.

Deste modo, e seguindo tanto a nível de *procedimento de delimitação*, como a nível de *conteúdo* e *de eficácia jurídica*, um processo análogo ao já escrito para as ADUP[167], apesar de delimitadas independentemente destas, referimos apenas nestas considerações que as diferenças entre as ADUP e as ACP se encontram fundamentalmente no que se relaciona com os *fins* ou *objectivos* prosseguidos, visando as ACP, de acordo com o n.º 3 do Artigo 1.º, definir os terrenos para construção imediata a incluir nos programas anuais da actividade urbanística do município.

Loteamentos Urbanos (LU)

Configurando-se desde sempre como uma das mais importantes formas de intervenção nos solos[168], e definido nos termos da alínea *i)* do Artigo 2.º do *Regime Jurídico da Urbanização e da Edificação (RJUE)* como *a acção que tenha por objecto ou por efeito a constituição de um ou mais lotes destinados imediata ou subsequentemente à edificação urbana, e que resulte da divisão de um ou vários prédios, ou do seu emparcelamento ou reparcelamento*, o instituto do *Loteamento Urbano* é, de facto, considerado, tanto por uma parte da doutrina[169],

---

Solos e da Construção", Braga, Livraria Minho, 2000, p. 57, como factor de insucesso das ADUP é possível apontar que os proprietários saem também penalizados "ao receberem o valor dos seus terrenos em data posterior à da respectiva cedência, além de poderem ser obrigados a lotear ou a construir em alturas de retracção do mercado".

[167] Com as especialidades mencionadas no Artigo 5.º, de entre as quais se contam a de no processo de delimitação se ter em conta os terrenos com melhor aptidão para o efeito, designadamente, os terrenos já infra-estruturados e os terrenos a infra-estruturar a curto prazo (quando abrangidos por planos de pormenor ou projectos de loteamento já aprovados); bem como a nível de conteúdo documental, o dever de as ACP serem acompanhadas de estudos urbanísticos que definam as condições da construção nos terrenos abrangidos por essas áreas.

[168] Neste sentido cfr. FERNANDA PAULA OLIVEIRA/SANDRA PASSINHAS, "*Loteamentos e Propriedade Horizontal: Guerra e Paz!*", *in* Revista do Centro de Estudos de Direito do Ordenamento, do Urbanismo e do Ambiente, N.º 9, Ano V, N.º 1 de 2002, p. 45. Para uma perspectiva histórica da evolução do regime jurídico dos loteamentos urbanos cfr. JOSÉ OSVALDO GOMES, "*Manual dos Loteamentos...*", ob. cit., p. 35-62.

[169] Cfr., por exemplo, FERNANDO ALVES CORREIA, "*O Plano Urbanístico...*", ob. cit., p. 177-178; e "*Manual de Direito...*", ob. cit., p. 243, para quem o *loteamento urbano* confi-

como por alguns diplomas legais[170], como um instrumento de natureza intrinsecamente planificadora, sendo mesmo perspectivado, sob alguns aspectos, como um autêntico *Plano de Pormenor*[171]. Tal equiparação resulta desde logo a nível do respectivo *conteúdo*, como demonstra v. g. o disposto no Artigo 8.º da *Portaria n.º 1110/2001, de 19 de Setembro*[172], referente ao licenciamento das operações de loteamento, de acordo com o qual, quando o pedido se localize em área não abrangida por plano municipal de ordenamento do território deve ser instruído, entre outros, com extractos das plantas do plano especial de ordenamento do território vigente; memória descritiva e justificativa; planta da situação existente, à escala 1:1 000 ou superior[173]; planta com áreas de cedência para o domínio público municipal; planta síntese, à escala de 1:1 000 ou superior, indicando, nomeadamente, a modelação proposta para o terreno, a estrutura viária, as redes de abastecimento de água, de saneamento, de energia eléctrica, de gás e de condutas destinadas à instalação de infra-estruturas de telecomunicações, a divisão em lotes e sua numeração, finalidade, áreas de implantação e de construção, número de fogos com especificação dos fogos destinados a habitações a custos controlados, quando previstos, o polígono de base para a implantação das edificações, devidamente cotado e referenciado, com indicação das cérceas e do número de pisos acima e abaixo da cota de soleira, e a localização dos equipamentos e das áreas que lhes sejam destinadas, bem como das áreas

---

gura, sob o ponto de vista do respectivo conteúdo, um verdadeiro plano de pormenor da área a que diz respeito; ANTÓNIO CORDEIRO, "*A Protecção de...*", ob. cit., p. 56-57, e 187-189, de acordo com o qual a uma determinada escala, o loteamento urbano reveste também a natureza de um procedimento planificatório dos solos urbanizáveis; MANUEL DA COSTA LOBO, "*Opções Fundamentais...*", ob. cit., p. 26, que descrevendo a sequência de figuras de plano menciona como tal o loteamento; FERNANDO GONÇALVES, "*Evolução Histórica...*", ob. cit., p. 247-248, para quem o loteamento urbano é uma das "figuras sucedâneas" do plano de pormenor consagradas pelo legislador; bem como NUNO PORTAS, "*Depoimento de...*", ob. cit., p. 10-11, segundo o qual o plano de pormenor e o loteamento sempre foram iguais, com a diferença de que o loteamento é de iniciativa dos proprietários e o plano de pormenor, teoricamente, de iniciativa pública.

[170] *Vide* a delimitação do nosso tema de estudo, p. 13-16.

[171] Cfr., por exemplo, o n.º 5 do Artigo 4.º do *Regulamento do Plano Director Municipal de São João da Madeira*, este último ratificado pela *Resolução do Conselho de Ministros n.º 36/93*, publicada no *Diário da República, I Série-B, N.º 103, de 4 de Maio de 1993, p. 2252*, rectificado pela *Declaração de Rectificação n.º 116/93*, publicada no *Suplemento ao Diário da República, I Série-B, N.º 151, de 30 de Junho de 1993 p. 3614(18)-3614(22)*.

[172] Que determina quais os elementos que devem instruir os pedidos de informação prévia, de licenciamento e de autorização referentes a todos os tipos de operações urbanísticas.

[173] Correspondendo ao estado e uso actual do terreno e de uma faixa envolvente com dimensão adequada à avaliação da integração da operação na área em que se insere, com indicação dos elementos ou valores naturais e construídos, de servidões administrativas e restrições de utilidade pública, incluindo os solos abrangidos pelos regimes da Reserva Agrícola Nacional e da Reserva Ecológica Nacional e ainda as infra-estruturas existentes.

para espaços verdes e de utilização colectiva; planta de localização à escala de 1:25 000, indicando o local da situação do terreno abrangido pela operação; bem como extracto da carta da Reserva Agrícola Nacional abrangendo os solos que se pretende utilizar ou, quando não exista, parecer sobre a sua capacidade de uso emitido pelos serviços competentes para o efeito; e ainda extracto da carta da Reserva Ecológica Nacional com a delimitação da área objecto da pretensão ou, quando esta não existir, parecer emitido pelos serviços competentes. Todavia, é na memória descritiva e justificativa que mais semelhanças sobressaem entre o *Loteamento Urbano* e o *Plano de Pormenor*. Efectivamente, de acordo com o n.º 2 do Artigo 7.º da referida Portaria, a memória descritiva e justificativa relativa ao pedido de licenciamento de operações de loteamento deve ser instruída com descrição e justificação da solução proposta para a operação de loteamento; enquadramento da pretensão nos planos municipais e especiais de ordenamento do território existentes; integração urbana e paisagística da operação; superfície total do terreno objecto da operação; número de lotes e respectivas áreas, bem como as áreas destinadas à implantação dos edifícios; área de construção e volumetria dos edifícios com indicação dos índices urbanísticos adoptados, nomeadamente a distribuição percentual das diferentes ocupações propostas para o solo, os índices de implantação e de construção e a densidade populacional, quando for o caso; cércea e número de pisos acima e abaixo da cota de soleira para cada um dos edifícios; áreas destinadas a espaços de utilização colectiva, incluindo espaços verdes e respectivos arranjos; natureza e dimensionamento dos equipamentos; natureza das actividades não habitacionais e dimensionamento das áreas a elas destinadas; utilização dos edifícios e número de fogos e respectiva tipologia, quando for o caso; condicionamentos relativos à implantação dos edifícios e construções anexas, se for o caso; solução adoptada para o funcionamento das redes de abastecimento de água, de energia eléctrica, de saneamento, de gás e de telecomunicações e suas ligações às redes gerais, quando for o caso; estrutura viária adoptada, especificando as áreas destinadas às vias, acessos e estacionamentos de veículos, incluindo as previstas em cave, quando for o caso; identificação dos técnicos autores dos projectos; bem como no caso do pedido de licenciamento se localizar em área não abrangida por plano municipal de ordenamento do território, deve ainda referir a adequabilidade da proposta com particular incidência sobre a relação das tendências dominantes em termos de transformação do uso do solo e dos respectivos ritmos de crescimento[174].

Evidenciando outros indícios da paridade entre a figura do *Loteamento Urbano* e o *Plano de Pormenor*, é possível apontar ainda alguns outros factores,

---

[174] Sobre a interligação entre o Loteamento Urbano e as figuras das ADUP e ACP, cfr. CARLOS ALBERTO FERNANDES CADILHA, "*Aspectos Contratuais do Loteamento Urbano. Contrato de Urbanização*", in Boletim da Faculdade de Direito da Universidade de Coimbra, Vol. LXII, 1986, p. 393.

tais como, por exemplo, o conjunto das especificações do *alvará de licença ou autorização de operação de loteamento*, referidas no n.º 1 do Artigo 11.º do RJUE, nos termos do qual o mencionado alvará deve conter, entre outras, o número de lotes e indicação da área, localização, finalidade, área de implantação, área de construção, número de pisos e número de fogos de cada um dos lotes, com especificação dos fogos destinados a habitações a custos controlados, quando previstos; bem como as cedências obrigatórias, sua finalidade e especificação das parcelas a integrar no domínio municipal; assim como o prazo para a conclusão das obras de urbanização, vinculando estas especificações tanto a câmara municipal, como o proprietário do prédio e os adquirentes dos lotes[175].

Quanto ao *procedimento de elaboração* do Loteamento Urbano, também nele é possível encontrar similitudes com a figura do Plano de Pormenor, na medida em que de forma semelhante ao que se passa no procedimento de elaboração dos planos urbanísticos, se prevê igualmente a sujeição a prévia *discussão pública* da aprovação pela câmara municipal do pedido de licenciamento de operações de loteamento[176].

Sobre o instituto do *Loteamento Urbano* como um instrumento de natureza intrinsecamente planificadora resta ainda referir que, à semelhança dos *planos municipais e especiais de ordenamento do território*, também são nulas as licenças ou autorizações que violem o disposto em licença ou autorização de loteamento em vigor [cfr. a alínea *a)* do Artigo 68.º do RJUE].

---

[175] Como sublinha José Osvaldo Gomes, "*Manual dos Loteamentos...*", ob. cit., p. 108, "do loteamento urbano resultam consequências importantes no que toca à constituição de obrigações, à titularidade, objecto e limites dos direitos reais sobre o prédio ou prédios em causa", ou seja, também a figura do Loteamento Urbano, similarmente ao que acontece com os planos urbanísticos se apresenta como conformadora do direito de propriedade, determinando o conteúdo dos direitos e obrigações dos proprietários dos terrenos que engloba, na medida em que assegura a conexão entre os limites, as obrigações da propriedade e o ordenamento urbano de cada parcela do território a que diz respeito.

[176] Cfr. o Artigo 22.º do RJUE, de acordo com o qual a aprovação pela câmara municipal do pedido de licenciamento de operação de loteamento é precedida de um período de discussão pública a efectuar nos termos do disposto no Artigo 77.º do *Regime Jurídico dos Instrumentos de Gestão Territorial*. A discussão pública é anunciada com uma antecedência mínima de oito dias a contar da data da recepção do último dos pareceres, autorizações ou aprovações emitidos pelas entidades exteriores ao município ou do termo do prazo para a sua emissão não podendo a sua duração ser inferior a quinze dias, e pode, mediante regulamento municipal, ser dispensada para as operações de loteamento que não excedam cumulativamente 4 ha, 100 fogos e 10% da população do aglomerado urbano em que se insere a pretensão. Note-se ainda que de acordo com o n.º 2 do Artigo 27.º do RJUE a discussão pública é ainda aplicável às alterações à licença, com as necessárias adaptações, salvo se houver consentimento escrito dos proprietários de todos os lotes constantes do alvará.

Conjuntos Turísticos (CT)

Esboçadas as primeiras reflexões sobre as figuras das *Áreas de Desenvolvimento Urbano Prioritário*, das *Áreas de Construção Prioritária* e dos *Loteamentos Urbanos*, adoptando o entendimento de que todas elas, sob determinados pontos de vista, se podem configurar como autênticos procedimentos planificatórios de natureza urbanística, propomos de seguida, por considerarmos que também eles manifestam alguns pontos de contacto com os referidos procedimentos, delinear uns breves apontamentos acerca dos designados de *Conjuntos Turísticos (CT)*.

Integrados no figurino tipológico relativo aos *Empreendimentos Turísticos*[177], e definidos como "os núcleos de instalações funcionalmente interdependentes, localizados numa área demarcada e submetidos a uma mesma administração, que integrem exclusivamente um ou vários estabelecimentos hoteleiros ou meios complementares de alojamento[178], estabelecimentos de restauração ou de bebidas e pelo menos um estabelecimento, iniciativa, projecto ou actividade declarados de interesse para o turismo[179]", os *Conjuntos Turísticos* vêm o seu regime jurídico regulado no *Decreto Regulamentar n.º 20/99, de 13 de Setembro*, alterado pelo *Decreto Regulamentar n.º 22/2002, de 2 de Abril*. Com

---

[177] Cfr. a alínea *d)* do n.º 2 do Artigo 1 do *Regime Jurídico da Instalação e do Funcionamento dos Empreendimentos Turísticos*, aprovado pelo *Decreto-Lei n.º 167/97, de 4 de Julho*, alterado pelos *Decretos-Leis n.ᵒˢ 305/99, de 6 de Agosto*, e *55/2002, de 11 de Março*.

[178] Refira-se que o n.º 2 do Artigo 1.º do *Regime Jurídico da Instalação e do Funcionamento dos Empreendimentos Turísticos* contempla quatro grandes categorias de *empreendimentos turísticos*, sendo cada uma delas regulamentada autonomamente, a saber, os *estabelecimentos hoteleiros*, os *meios complementares de alojamento turístico*, os *parques de campismo públicos* e os *conjuntos turísticos*. Por sua vez, e de acordo com o Artigo 2.º do *Decreto Regulamentar n.º 36/97, de 25 de Setembro*, alterado pelo *Decreto Regulamentar n.º 16/99, de 18 de Agosto*, os *estabelecimentos hoteleiros* abrangem os *hotéis*, os *hotéis-apartamentos (aparthotéis)*, as *pensões*, as *estalagens*, os *motéis* e as *pousadas*. Quanto aos *meios complementares de alojamento turístico*, estipula o Artigo 1.º do *Decreto Regulamentar n.º 34/97, de 17 de Setembro*, alterado pelos *Decretos Regulamentares n.ᵒˢ 14/99, de 14 de Agosto, e 6/2000, de 27 de Abril*, que estes se classifiquem em *aldeamentos turísticos*, *apartamentos turísticos* e *moradias turísticas*.

[179] Cfr. o *Decreto Regulamentar n.º 22/98, de 21 de Setembro*, que regula a *Declaração de Interesse para o Turismo (DIT)*, e nos termos do qual pode esta última ser atribuída a *marinas, portos de recreio e docas de recreio predominantemente destinadas ao turismo e desporto; balneários termais e terapêuticos; parques temáticos; campos de golfe; embarcações destinadas a passeios de natureza turística; instalações e equipamentos para salas de congressos e reuniões; outros equipamentos e meios de animação turística, nomeadamente de índole cultural, desportiva e temática; estabelecimentos de restauração e de bebidas; bem como a iniciativas, projectos ou actividades sem instalações fixas, nomeadamente os eventos de natureza económica, promocional, gastronómica, cultural, etnográfica, científica, ambiental ou desportiva, quer se realizem com carácter periódico quer com carácter isolado*.

efeito, e obedecendo ao disposto no *Regime Jurídico da Urbanização e da Edificação* para os *procedimentos especiais* (cfr. o Artigo 38.° do mesmo[180]), com as especialidades constantes no já referido *Decreto Regulamentar n.° 20/99, de 13 de Setembro*[181], é igualmente a nível do *conteúdo* que, segundo entendemos, os *Conjuntos Turísticos* mais se parecem aos procedimentos urbanísticos de natureza planificatória. Desde logo, tais semelhanças resultam dos requisitos para eles estabelecidos, tais como, *v. g.*, os constantes do Artigo 9.° do seu regime jurídico, o qual estabelece que os conjuntos turísticos devem estar dotados de todas as necessárias infra-estruturas urbanísticas, nomeadamente as designadas de *obras de urbanização*[182], estando também previstas infra-estruturas, instalações e equipamentos mínimos de uso comum[183], e dos quais salientamos, por considerarmos serem idênticos aos previstos para os *Loteamentos*

---

[180] De acordo com o qual os empreendimentos turísticos estão sujeitos ao regime jurídico das operações de loteamento nos casos em que se pretenda efectuar a divisão jurídica do terreno em lotes, não sendo aplicável, nesse caso, o disposto no Artigo 41.°, admitindo-se, assim, que tais operações de loteamento se localizem fora dos perímetros urbanos e em zonas não urbanizadas ou cuja urbanização tão pouco se encontre programada. Para mais desenvolvimentos acerca dos empreendimentos turísticos não sofrerem, *prima facie*, qualquer restrição ao nível da localização, por via dos usos fixados nos planos de ordenamento do território, cfr. JOÃO PEREIRA REIS/MARGARIDA LOUREIRO, "*Regime Jurídico da Urbanização e da Edificação*", 2.ª ed., Coimbra, Livraria Almedina, 2002, p. 126-128.

[181] Note-se que nos termos do Artigo 2.° a qualificação como *Conjunto Turístico* é atribuída pela Direcção-Geral do Turismo (DGT), mediante requerimento subscrito pelo proprietário ou proprietários dos empreendimentos turísticos, dos estabelecimentos de restauração ou de bebidas e dos estabelecimentos, iniciativas, projectos ou actividades declarados de interesse para o turismo que, na data da sua apresentação, integrem o referido conjunto ou, em alternativa, pela entidade administradora do mesmo (sobre a entidade administradora do *Conjunto Turístico* cfr. o Artigo 20.°).

[182] De facto, a alínea *b)* do Artigo 3.° do *Decreto-Lei n.° 448/91, 29 de Novembro*, relativo ao *Regime Jurídico dos Loteamentos Urbanos*, regime em vigor à data da aprovação do *Decreto Regulamentar n.° 20/99, de 13 de Setembro* que aprova o *Regime dos Conjuntos Turísticos*, definia tais *obras de urbanização* como "todas as obras de criação e remodelação de infra-estruturas que integram a operação de loteamento e as destinadas a servir os conjuntos e aldeamentos turísticos e as ocupações industriais, nomeadamente arruamentos viários e pedonais e redes de abastecimento de água, de esgotos, de electricidade, de gás e de telecomunicações, e ainda de espaços verdes e outros espaços de utilização colectiva". Contudo, com a entrada em vigor do *Decreto-Lei n.° 555/99, de 16 de Dezembro*, diploma que revoga o referido *Decreto-Lei n.° 448/91, de 29 de Novembro*, tal definição sofreu alterações, passando a definir-se de forma mais abrangente as *obras de urbanização* [cfr. a alínea *h)* do Artigo 2.°, de acordo como o qual as obras de urbanização se definem como "as obras de criação e remodelação de infra-estruturas destinadas a servir directamente os espaços urbanos ou as edificações, designadamente arruamentos viários e pedonais, redes de esgotos e de abastecimento de água, electricidade, gás e telecomunicações, e ainda espaços verdes e outros espaços de utilização colectiva."

[183] Cfr. o Artigo 11.° do *Decreto Regulamentar n.° 20/99, de 13 de Setembro*, alterado pelo *Decreto Regulamentar n.° 22/2002, de 2 e Abril*.

Urbanos[184], os arruamentos, passagens, acessos e logradouros para uso comum dos utentes; os jardins e outras zonas verdes comuns; bem como os equipamentos de uso comum da piscina, do parque infantil e do campo de jogos polivalente[185]. Todavia, é a nível do *procedimento administrativo de qualificação* como conjunto turístico, mais precisamente na fase da apreciação do pedido, que mais são notórios os pontos de contacto com os procedimentos de planificação urbanística, resultando tal ilação do *conteúdo* dos elementos que devem instruir o requerimento do referido pedido. O conjunto desses elementos, de acordo com o disposto no Artigo 3.º, inclui, entre outros, memória descritiva[186]; plano geral da área abrangida pelo conjunto turístico, com a definição do zonamento proposto, com a indicação dos diferentes empreendimentos turísticos, dos estabelecimentos de restauração ou de bebidas e dos estabelecimentos, iniciativas, projectos ou actividades susceptíveis de ser declarados de interesse para o turismo, que constituem o conjunto turístico, e as características gerais das suas instalações e equipamentos de uso comum e dos serviços de utilização turística de uso comum; extractos das plantas de ordenamento, de zonamento e de implantação dos planos municipais de ordenamento do território vigentes e das respectivas plantas de condicionantes, com a área objecto de pretensão devidamente assinalada; extractos das plantas do plano especial de ordenamento do território vigente, quando existente; planta de localização e enquadramento da propriedade onde se pretende instalar o conjunto turístico, à escala da planta de ordenamento do plano director municipal ou à escala de 1:25 000 quando este

---

[184] Note-se que o *Decreto-lei n.º 555/99, de 16 de Dezembro*, rectificado pela *Declaração de Rectificação n.º 5-B/2000*, publicada no Suplemento ao *Diário da República, I Série, n.º 50, de 29 de Fevereiro de 2000, p. 688(4)*, e alterado pelo *Decreto-Lei n.º 177/2001, de 4 de Junho*, nos n.º 1 e 3 do Artigo 43.º, no que respeita às condições especiais de licenciamento ou autorização de *operações de loteamento*, estipula que "os projectos de loteamento devem prever áreas destinadas à implantação de espaços verdes e de utilização colectiva, infra-estruturas viárias e equipamentos", sendo os parâmetros de dimensionamento das respectivas áreas definidos em Plano Municipal de Ordenamento do Território (PMOT), de acordo com as directrizes estabelecidas pelo Programa Nacional da Política de Ordenamento do Território (PNPOT) e pelo Plano Regional de Ordenamento do Território (PROT), e cujos valores mínimos a considerar são os fixados na *Portaria n.º 1136/2001, de 25 de Setembro*.

[185] Acerca da previsão de equipamentos desportivos nos instrumentos de planeamento urbanístico, cfr. o *Despacho Normativo n.º 78/85*, da Presidência do Conselho de Ministros e do Ministério do Equipamento Social, publicado no *Diário da República, I Série, N.º 191, de 21 de Agosto de 1985, p. 2698-2700*, o qual considera também como um tipo de plano urbanístico a figura do loteamento urbano.

[186] A qual, nos termos da alínea *b)* do n.º 1 do Artigo 3.º deve esclarecer devidamente a pretensão e indicar a área objecto do pedido, a descrição dos elementos essenciais das redes de infra-estruturas, designadamente das redes existentes e da sobrecarga que a pretensão poderá implicar, a área total de construção acima da cota de soleira e respectivos usos pretendidos, o número de unidades de alojamento, as cérceas, o número de pisos acima e abaixo da cota de soleira e a área total de implantação.

não existir, assinalando devidamente os limites da área objecto da operação e a sua inserção na rede viária; planta da situação existente, à escala de 1:25 000 ou superior, correspondendo ao estado e uso do terreno, e de uma faixa envolvente com a dimensão adequada à avaliação da integração da operação na área em que se insere, com a indicação dos elementos ou valores naturais e construídos, as servidões administrativas e restrições de utilidade pública, bem como a delimitação do terreno objecto da pretensão; faseamento da construção dos empreendimentos e estabelecimentos que integrem os conjuntos turísticos, quando se opte por mais de uma fase; e projecto do regulamento de administração do conjunto turístico.

Como se acaba de insinuar com o que foi exposto, consideramos então que, pelo menos em relação aos pontos assinalados, os *Conjuntos Turísticos* se configuram como verdadeiros procedimentos planificatórios de natureza urbanística.

Parques Industriais (PI)

Criados, como nos diz ANTÓNIO PEREIRA DA COSTA[187], tendo por finalidade o fomento e o ordenamento da actividade industrial, e entendidos na alínea *a)* do Artigo 2.º do *Decreto-Lei n.º 232/92, de 22 de Outubro*[188], como as aglomerações planeadas de actividades industriais, cujo estabelecimento visa a prossecução de objectivos de desenvolvimento industrial, os *Parques Industriais (PI)* apresentam igualmente, no nosso entender, estreitas relações com os instrumentos de planificação urbanística. Com efeito, e apesar de consideradas distintas das *operações de loteamento para fins industriais*[189], as figuras de que nos ocupamos contêm de facto alguns indícios da proximidade com as figuras planificatórias, tais como, *v. g.*, a nível do procedimento de instalação e a nível de conteúdo.

No que se refere ao *procedimento de instalação dos parques industriais*, dispõe o Artigo 4.º do respectivo regime jurídico que aquele esteja sujeito a aprovação governamental, através de portaria conjunta dos ministros responsáveis que superintendem a actividade industrial, após a devida consulta

---

[187] Cfr. ANTÓNIO PEREIRA DA COSTA, *"Direito dos Solos..."*, ob. cit., p. 71.

[188] Diploma que aprova o *Regime Jurídico da Instalação e Gestão de Parques Industriais*.

[189] Neste sentido cfr. o n.º 2 do Artigo 3.º do *Decreto-Lei n.º 232/92, de 22 de Outubro*. No entanto, consideramos oportuno referir que, por sua vez, no actual *Regulamento do Licenciamento da Actividade Industrial*, aprovado pelo *Decreto Regulamentar n.º 8/2003, de 11 de Abril*, e em sede da determinação dos espaços destinados à localização dos estabelecimentos industriais – as designadas de *"zonas industriais"* –, são equiparados aos *parques industriais*, os *alvarás de loteamento com fins industriais*, os *planos de pormenor* e os *planos de urbanização* [cfr. as alíneas *f)* e *d)* do n.º 2 do Artigo 4.º].

à câmara municipal do local da situação do prédio ou prédios abrangidos pelo parque industrial, bem como das entidades que, por força de servidão administrativa ou restrição de utilidade pública se devam pronunciar sobre a pretensão, isto para as áreas não abrangidas por plano municipal de ordenamento do território. O procedimento fica então completo, de acordo com o Artigo 8.º, com a publicação no *Diário da República* do *regulamento*[190] e da *planta de síntese* que fazem parte integrante da portaria conjunta que aprova a instalação do parque industrial, assim como com o registo oficioso, à data do diploma, nas Direcções-Gerais do Ordenamento do Território e da Indústria das *plantas de síntese* e *de localização*, bem como do respectivo *regulamento*.

Quanto ao *conteúdo*, que difere consoante a área na qual se pretende instalar o parque industrial esteja, ou não, abrangida por plano municipal de ordenamento do território em vigor, elencamos, entre outros, os seguintes elementos que consideramos próximos do conteúdo dos instrumentos planificatórios de natureza urbanística: memória descritiva e justificativa, esclarecendo devidamente a pretensão e, nomeadamente, a estimativa de custo global do empreendimento e respectivas fontes de financiamento previstas, os tipos de indústrias a instalar e os serviços a proporcionar aos estabelecimentos industriais; planta de localização (à escala de 1:25 000), com indicação precisa do local onde se pretende instalar o parque industrial; planta de zonamento (à escala de 1:5 000), com delimitação de zonas do parque industrial em função da categoria de uso dominante e a definição dos respectivos parâmetros urbanísticos; proposta de regulamento do parque industrial e respectiva planta de síntese, devendo, o primeiro, definir os tipos de indústrias a instalar e as especificações técnicas a que devem obedecer as regras aplicáveis em matéria de ocupação, uso e transformação do solo, as modalidades e condições de transmissão dos direitos sobre instalações, edifícios e terrenos, as condições de instalação e gestão do parque industrial e as modalidades de prestação de serviços aos estabelecimentos industriais; bem como, em área sem plano municipal de ordenamento do território em vigor, planta de condicionantes (à escala de 1:5 000), assinalando as servidões administrativas e demais restrições de utilidade pública que incidem sobre o prédio ou prédios abrangidos pelo parque industrial; e o estudo de impacte ambiental[191].

---

[190] Nos termos do n.º 2 do Artigo 7.º os regulamentos dos parques industriais têm a natureza de regulamentos administrativos. Sobre este tema consideramos ainda importante mencionar que, de acordo com o Artigo 16.º, é o regulamento que estabelece a forma de comparticipação dos estabelecimentos industriais nos encargos com a manutenção das infra-estruturas urbanísticas que não sejam da responsabilidade das autoridades administrativas competentes e sejam sim, suportadas pela entidade gestora.

[191] Sobre o instituto preventivo da *Avaliação de Impacte Ambiental* cfr. o *Decreto-Lei n.º 69/2000, de 3 de Maio*.

Por último, e para rematar esta nossa configuração dos *Parques Industriais* como verdadeiros procedimentos planificatórios de natureza urbanística, resta ainda referir que, à semelhança destes últimos, também para aqueles são previstos, no já mencionado *Decreto-Lei n.° 232/92, de 22 de Outubro*, os respectivos *mecanismos de execução*[192], e que de acordo com os Artigos 9.°, 10.°, 11.° e 12.° incluem *operações de loteamento, obras de urbanização, licenciamento da actividade industrial* e *licenciamento de obras*.

Áreas de Localização Empresarial (ALE)

Procurando concentrar os procedimentos licenciadores/planeadores necessários em matéria de instalação de determinado tipo de actividades, *maxime* industriais[193], ou seja, justificadas pela necessidade de aceleração dos "demorados" procedimentos administrativos[194], as *Áreas de Localização Empresarial (ALE)* vêem o seu regime jurídico plasmado no *Decreto-Lei n.° 70/2003, de 10 de Abril*, sendo definidas no mesmo diploma, de acordo com a alínea *a)* do Artigo 2.°, como *as zonas territorialmente delimitadas e licenciadas para a instalação de determinado tipo de actividades industriais, podendo ainda integrar actividades comerciais e de serviços, administradas por sociedades gestoras*[195].

---

[192] Para mais desenvolvimentos sobre os sistemas e instrumentos de execução dos instrumentos planificatórios de natureza urbanística cfr., entre outros, FERNANDA PAULA OLIVEIRA, *"Sistemas e Instrumentos..."*, ob. cit.

[193] Sobre o exemplo da concentração de procedimentos na instalação de estabelecimentos industriais cfr., por exemplo, SUZANA MARIA CALVO LOUREIRO TAVARES DA SILVA, *"Actuações Urbanísticas..."*, ob. cit., p. 62-63.

[194] Mais informações sobre as propostas de aceleração de procedimentos administrativos autorizativos em matéria de ambiente podem ser encontradas em JOSÉ JOAQUIM GOMES CANOTILHO, *"Constituição e 'Tempo Ambiental'"*, *in* Revista do Centro de Estudos de Direito do Ordenamento, do Urbanismo e do Ambiente, Vol. 4, Ano II, N.° 2 de 1999, p. 9-14, em especial a p. 11-12. Sobre este mesmo registo em relação ao licenciamento das Áreas de Localização Empresarial cfr., ainda, o Preâmbulo do *Decreto-Lei n.° 70/2003, de 10 de Abril*, nos termos do qual e considerando que o actual regime de licenciamento industrial "implica, por parte dos empresários, a sujeição a um processo complexo e moroso, acrescido das obrigações de carácter ambiental ao abrigo da legislação vigente, bem como a necessidade de aprovação da localização", se justifica assim "a necessidade de possibilitar a constituição de espaços delimitados e devidamente infra-estruturados, cuja localização se encontre previamente licenciada, com vista à instalação de determinados tipos de actividades".

[195] Refira-se ainda que nos termos do n.° 2 do Artigo 1.° o regime estabelecido para as *Áreas de Localização Empresarial* é aplicável, com as necessárias adaptações, às *Áreas de Localização Empresarial Multipolares*, sendo estas, por sua vez, definidas como *os conjuntos de pólos empresariais localizados em espaços territoriais não conexos, mas funcionalmente ligados entre si e administrados pela mesma sociedade gestora*. Ainda sobre este tema, consideramos também importante mencionar que, na Região Autónoma da Madeira, a figura das *Áreas*

Quanto ao *procedimento administrativo de licenciamento da instalação* da ALE, inicia-se este com a sociedade gestora a requerer junto da entidade coordenadora[196] a aprovação da *proposta de definição do âmbito do Estudo de Impacto Ambiental (EIA)* – proposta essa a elaborar nos termos do Artigo 11.º do *Decreto-Lei n.º 69/2000, de 3 de Maio,* que aprova o *regime jurídico da Avaliação de Impacte Ambiental (AIA)* – relativa à ALE[197], sendo de seguida esta última enviada, pela entidade coordenadora, à autoridade de Avaliação de Impacte Ambiental (AIA). Proferida a aceitação da *proposta de definição do âmbito do EIA* – que nos termos do n.º 6 do Artigo 6.º é constitutiva de direitos –, a sociedade gestora dispõe então do prazo máximo de dois anos, a partir da notificação da mesma, para apresentar o pedido de licenciamento na entidade coordenadora. Recebido o requerimento devidamente instruído, a entidade coordenadora, após a verificação dos documentos instrutórios, procede em seguida ao envio de uma cópia do pedido de instalação da ALE às entidades com competência para emissão de pareceres/licenças e/ou autorizações, as quais, entre outras, incluem a câmara municipal territorialmente competente, para efeitos de licenciamento das obras de urbanização e das operações de loteamento definidas no projecto da ALE. Colhidos os pareceres/licenças e/ou autorizações que

---

de Localização Empresarial é terminologicamente substituída pela figura dos *Parques Empresariais* (cfr. o *Decreto Legislativo Regional n.º 19/2004/M, de 2 de Agosto,* que aprova o *Regulamento do Licenciamento de Parques Empresariais*).

[196] De acordo com o Artigo 5.º cabe à direcção de economia territorialmente competente a coordenação do processo de licenciamento e a concessão de licença para a instalação e alteração da ALE, sendo para esse efeito o interlocutor único do promotor.

[197] Nos termos do n.º 2 do Artigo 6.º do *Decreto-Lei n.º 70/2003, de 10 de Abril,* o referido requerimento deve ser acompanhado de memória descritiva e justificativa do projecto (com indicação da área total de implantação e estacionamento previstos, descrição dos elementos essenciais das redes de infra-estruturas, explicitando as obras relativas a arruamentos, redes de abastecimento de águas, de saneamento, de gás, de electricidade, de telecomunicações e de arranjos exteriores, bem como das redes existentes quantificando as sobrecargas que a pretensão poderá implicar); planta de localização com a marcação do local onde se pretende instalar a ALE (à escala de 1:25 000); extractos das plantas de ordenamento e de condicionantes do Plano Director Municipal; planta da situação existente (à escala de 1:25 000 ou superior), correspondente ao estado de uso actual do terreno e de uma faixa envolvente com a dimensão adequada à avaliação da integração da ALE na área em que se insere, com indicação dos elementos ou valores naturais e construídos, servidões administrativas e restrições de utilidade pública; estudo de circulação e de abastecimento na área envolvente englobando as principais vias de acesso e seu atravessamento; estudo de tráfego justificativo das opções apresentadas quanto ao acesso e ao estacionamento; identificação do tipo de actividades a exercer pelas empresas a instalar, com caracterização qualitativa das emissões gasosas e dos valores globais de emissões previstos, do tipo de resíduos e de efluentes previstos e formas de redução, tratamento, valorização e eliminação consideradas, bem como das demais especificações técnicas no que respeita à ocupação, usos e transformação do solo necessárias à implantação da ALE; e identificação preliminar das acções ou actividades que, nas fases de construção ou de exploração, possam causar potenciais impactes negativos significativos.

tenham necessariamente de ser emitidos nos termos da legislação aplicável, a entidade coordenadora decide então sobre o pedido de licenciamento de instalação da ALE, emitindo a respectiva *licença de instalação*, que caduca se, no prazo de dois anos após a sua emissão, não tiver sido dado início aos trabalhos de construção de infra-estruturas. Após o termo da construção das infra-estruturas licenciadas, a sociedade gestora requer então à entidade coordenadora a realização de uma *vistoria*, tendo esta como objectivo a verificação da conformidade das operações realizadas com o projecto licenciado pela entidade coordenadora, bem como da existência dos requisitos suficientes para início da actividade na ALE (cfr. o Artigo 14.°), sendo emitido pela referida entidade, após a verificação do cumprimento dos requisitos exigidos, o *alvará de área de localização empresarial* representativo do respectivo título constitutivo.

Ora é precisamente o conjunto das especificações constantes do *alvará de área de localização empresarial*, em conjunto com os elementos instrutórios do respectivo pedido de licenciamento que mais evidenciam, segundo entendemos, e a nível de *conteúdo*, a existência de fortes pontos de contacto destas figuras com os instrumentos planificatórios de natureza urbanística. De facto, e de acordo com o determinado no n.° 2 do Artigo 15.°, do referido alvará devem constar, entre outros, os tipos de actividades industriais, comerciais e de serviços autorizados a instalar-se; a área total de implantação; as características, condições e limites impostos; a identificação dos serviços comuns e outros serviços a prestar pela sociedade gestora; assim como o regulamento da ALE aprovado e a planta síntese. No que se refere ao pedido de licenciamento, dispõe o n.° 4 do Artigo 7.° que este seja instruído com, entre outros, memória descritiva e justificativa, explicativa da pretensão (incluindo uma estimativa do valor global do investimento e da cobertura financeira do mesmo, explicitando as respectivas fontes de financiamento previstas); planta de localização com marcação do local onde se pretende instalar a ALE (à escala de 1:25 000 ou superior); declaração de impacte ambiental relativa à ALE, nos termos do *Decreto-lei n.° 69/2000, de 3 de Maio*; projecto das obras de urbanização, nomeadamente arruamentos, redes de abastecimento de águas, de saneamento, de gás, de electricidade, de telecomunicações e arranjos exteriores[198]; planta síntese do loteamento (à escala de 1:1000 ou superior), indicando, nomeadamente, a topografia actual e a modelação proposta para o terreno, a divisão em lotes e respectiva numeração, áreas de implantação e de construção, número de pisos acima e abaixo da cota de soleira, bem como a delimitação dos usos das partes comuns; proposta de regulamento, com identificação das actividades a exercer pelas empresas a instalar, bem como as especificações técnicas aplicáveis em matéria de ocupação, uso e

---

[198] Devendo cada projecto, nos termos da alínea *g)* do n.° 4 do Artigo 7.°, conter memória descritiva e justificativa, bem como os cálculos, se for caso disso, e as peças desenhadas em escala tecnicamente adequada com os respectivos termos de responsabilidade dos técnicos autores dos projectos.

transformação do solo e de qualificação ambiental e ainda as modalidades e condições de transmissão dos direitos sobre os terrenos, edifícios e suas fracções; calendarização das várias fases de realização do projecto; assim como as demais especificações técnicas no que respeita à ocupação, uso e transformação do solo necessárias à implantação da ALE que a sociedade gestora considere úteis para apreciação do projecto.

Assim, e inventariados que foram alguns dos sintomas que apontam para a relação de proximidade entre a figura das ALE e os instrumentos de planificação urbanística, na medida em que aquelas, à semelhança destes últimos, também contêm, na sua parte regulamentar[199], preceitos definidores do conteúdo do direito de propriedade do solo, resta referir que a solução da designada de "*concentração de procedimentos*" (*Genehmigungskonzentration*) num só, tem sido, em geral, bastante agitada no debate doutrinal sobre o tema, sendo-lhe mesmo apontados, apesar de algumas virtualidades[200], graves problemas, como *v. g.*, os relacionados com a conjugação dos efeitos vinculativos de cada uma das pronúncias necessárias da Administração – sendo necessária uma pronúncia favorável em todas elas para que a actividade a instalar dê início –, ou as debilidades que apresenta a nível da dimensão garantística, nomeadamente no que respeita à protecção de terceiros[201].

Outras figuras planificatórias de natureza urbanística não formalmente designadas como planos

In fine, e para terminarmos estas primeiras reflexões sobre algumas figuras definidoras de regras relativas à ocupação, uso e transformação do solo que não são expressamente designados pela lei como planos, entendemos oportuno avançarmos ainda com umas breves notas acerca de outros exemplos das mencionadas figuras. Assim, referimos por exemplo, FRANCISCO GONÇALVES[202], que identifica como figuras sucedâneas do Plano de Pormenor, além das *Áreas*

---

[199] Acerca da "parte regulamentar" dos *planos urbanísticos* conter preceitos definidores do conteúdo do direito de propriedade do solo, cfr. FERNANDO ALVES CORREIA, "*Manual de Direito...*", ob. cit., p. 396-401.

[200] Como refere JOSÉ JOAQUIM GOMES CANOTILHO, "*Constituição e 'Tempo...*", ob. cit., p. 10, "pense-se, por exemplo, nas vantagens da 'concentração' do procedimento autorizativo, coordenando todos os procedimentos paralelos e assegurando uma decisão única, fundamentada, informada e não contraditória".

[201] Para maiores desenvolvimentos acerca das críticas apontadas pela doutrina à "*concentração de procedimentos*" num só, cfr. SUZANA MARIA CALVO LOUREIRO TAVARES DA SILVA, "*Actuações Urbanísticas...*", ob. cit., p. 62-65, bem como a bibliografia aí citada. Sobre a aceleração de procedimentos cfr. JOSÉ JOAQUIM GOMES CANOTILHO, "*Constituição e 'Tempo...*", ob. cit., p. 9-14.

[202] Cfr. FRANCISCO GONÇALVES, "*Evolução Histórica...*", ob. cit., p. 247-248.

de Construção Prioritária, entretanto mencionadas, também os *Projectos de Aldeamentos Turísticos*[203], e os *Projectos de Urbanização ou Reconversão de Áreas de Construção Clandestina*[204]; MANUEL DA COSTA LOBO[205], que além da figura do *Loteamento Urbano*, considera igualmente os *Projectos de Urbanização ou Reconversão de Áreas de Construção Clandestina* como tipos de planos urbanísticos; bem como FERNANDA PAULA OLIVEIRA e DULCE LOPES[206], segundo as quais os *Documentos Estratégicos* previstos no Artigo 15.° do *Decreto-Lei n.° 104/2004, de 7 de Maio*, que aprova o *regime excepcional de reabilitação urbana para as zonas históricas e áreas críticas de recuperação e reconversão urbanística*, se configuram também como verdadeiros instrumentos de planificação territorial, devendo como tal, ser reconduzidos à tipologia legal de instrumentos de gestão territorial constante tanto na *Lei da Bases da Política de Ordenamento do Território e de Urbanismo* como no *Regime Jurídico dos Instrumentos de Gestão Territorial*, para, só assim, poderem legitimamente tender para os efeitos materiais que a lei lhes assinala.

---

[203] Elencados na tipificação dos *Meios Complementares de Alojamento Turístico*, cujo regime jurídico é regulado pelo *Decreto Regulamentar n.° 34/97, de 17 de Setembro*, alterado pelos *Decretos Regulamentares n.ᵒˢ 14/99, de 14 de Agosto*, e *6/2000, de 27 de Abril*, os *Aldeamentos Turísticos* são definidos como *os estabelecimentos de alojamento turístico constituídos por um conjunto de instalações funcionalmente interdependentes com expressão arquitectónica homogénea, situadas num espaço delimitado e sem soluções de continuidade, que se destinem a proporcionar, mediante remuneração, alojamento e outros serviços complementares e de apoio a turistas*, devendo, de acordo com o Artigo 6.° do referido regime, ser dotados de todas as necessárias infra-estruturas urbanísticas, nomeadamente as *obras de urbanização* previstas para os *Loteamentos Urbanos*.

[204] Regulados no *Decreto-Lei n.° 804/76, de 6 de Novembro*, alterado pelo *Decreto-Lei n.° 90/77, de 9 de Março*, e de acordo com o qual devem prever o equipamento social e as infra-estruturas a instalar ou melhorar e o volume das despesas a realizar para esse efeito; as redistribuições, correcções ou reduções que eventualmente se mostrem indispensáveis nos diversos lotes para o adequado reordenamento da área, incluindo a obtenção dos terrenos necessários para as infra-estruturas e o equipamento social; a comparticipação a assumir pelos proprietários ou possuidores do terreno e construções existentes na área, nas despesas com a instalação ou melhoria das infra-estruturas e equipamento social, quando e na medida em que tal comparticipação for considerada socialmente justa e possível; bem como a comparticipação, a assumir pelos proprietários ou possuidores dos terrenos por eles loteados clandestinamente, nas despesas necessárias para a eliminação dos prejuízos e inconvenientes causados pelos loteamentos clandestinos. Sobre este tema refira-se ainda que, nos termos do n.° 1 do Artigo 34.° do *regime excepcional para a reconversão urbanística das Áreas Urbanas de Génese Ilegal (AUGI)*, aprovado pela *Lei n.° 91/95, de 2 de Setembro*, entretanto alterada pelas *Leis n.ᵒˢ 165/99, de 14 de Setembro*, e *64/2003, de 23 de Agosto*, e a título de medidas complementares, as câmaras municipais podem, sempre que se mostre necessário è reconversão da AUGI, aplicar as medidas previstas no já mencionado *Decreto-Lei n.° 804/76, de 6 de Novembro*, com as alterações introduzidas pelo *Decreto-Lei n.° 90/77, de 9 de Março*.

[205] Cfr. MANUEL DA COSTA LOBO, "*Opções Fundamentais...*", ob. cit., p. 26-31.

[206] Cfr. FERNANDA PAULA OLIVEIRA/DULCE LOPES, "*O papel dos...*", ob. cit., p. 69.

CONCLUSÕES

Tendo como principal objectivo colocar em evidência aquela que pode actualmente ser uma das formas possíveis de exercício da actividade planificadora, e após uma primeira apreciação tacteante do regime jurídico de algumas das figuras planificatórias de natureza urbanística não designadas *ex professo* pela lei como planos, que consideramos representativas de tal actividade administrativa, o balanço que fazemos do tema em análise permite-nos, segundo entendemos, desenvolver algumas considerações finais.

De facto, enquanto actividade fundamental ao ordenamento social, a *planificação urbanística* é, hoje em dia, uma tarefa intrínseca da Administração Pública, pois entre outras virtualidades a ela apontadas, a planificação permite aquela que é a atribuição perequativa de espaço, *in casu* de solo, aos proprietários deste, de modo a não apenas corrigir, mas também prevenir, os conflitos oriundos da existência dos diversos interesses que sobre o mesmo recaem. Neste contexto, a *participação* dos interessados, *maxime* dos particulares, (nas suas diversas formas, intensidades e momentos) na elaboração das figuras planificatórias constitui deste modo um dos meios de tornar efectivo aquele que é um dos princípios fundamentais que orienta a actividade da Administração Pública no prosseguimento da sua *tarefa pública* do Urbanismo – o *princípio da igualdade*[207]. Ora uma das formas de intervenção dos particulares (enquanto proprietários ou detentores de outros direitos e interesses legítimos) na actividade administrativa da planificação urbanística é na designada de *execução dos planos* (esta última enquadrada na actividade mais abrangente de gestão urbanística), através, por exemplo, da figura jurídica da *associação da Administração com os proprietários do solo*, regulada pelo *Decreto n.º 15/77, de 18 de Fevereiro*, e que assenta na colaboração/concertação entre a Administração Pública e os proprietários do solo para a execução das disposições relativas à ocupação,

---

[207] Para mais desenvolvimentos sobre o estudo das relações entre o instituto do plano urbanístico e o princípio da igualdade cfr. FERNANDO ALVES CORREIA, "*O Plano Urbanístico...*", ob. cit.

uso e transformação do mesmo. Por sua vez, o actual *Regime Jurídico dos Instrumentos de Gestão Territorial* prevê ainda as designadas de *Unidades Operativas de Planeamento e Gestão (UOPG)*, figuras que estão principalmente associadas *v. g.* a Planos de Pormenor, sendo estes instrumentos elaborados pela Administração Pública (através de um procedimento municipal com intervenção governamental), com as devidas formas de participação dos particulares, assumindo deste modo os municípios um papel de "motor económico" no ordenamento e desenvolvimento urbano. Todavia, a concretização do imperativo de justiça que é a questão perequativa não se revela, *prima facie* facilitada nos municípios em que escasseiam os recursos (quer financeiros, ou por vezes técnicos)[208]. Numa tentativa de solucionar tal ausência, que tem a inevitável consequência da inexistência de um ordenamento urbanístico planeado, os municípios têm vindo a utilizar algumas figuras planificatórias alternativas às tipificadas na lei, geralmente enquadradas no designado de *planeamento informal*, não ficando assim garantidos os necessários mecanismos de perequação compensatória, e originando-se deste modo desigualdades de tratamento.

Por outro lado, e constituindo-se hoje em dia a actividade da Administração Pública como uma actividade jurídica, ou seja, uma actividade que não está apenas subordinada à lei – o designado de *princípio da legalidade da Administração* –, mas também a outros princípios jurídicos que regulam o seu modo de actuação[209], o recurso a figuras contratuais, em especial a figura dos contratos administrativos, no âmbito da planificação urbanística – os designados pela doutrina de *convénios urbanísticos* –, torna-se igualmente indispensável.

Assim, da exposição feita em relação às várias as figuras jurídicas passíveis de ser utilizadas na actividade da planificação nem sempre designadas como planos, e tendo em conta que hoje e dia a iniciativa e os meios económicos dos particulares são, como nos diz FERNANDA PAULA OLIVEIRA[210], "não só importantes como imprescindíveis para a prossecução dos fins públicos sendo que a convenção se mostra como um meio ideal para canalizar essas iniciativas e esses

---

[208] Sobre os custos do Urbanismo, que incluem, entre outros, também os custos *v. g.* do Plano de Pormenor, cfr. MANUEL LEAL DA COSTA LOBO, "*Os Custos do Urbanismo*", *in* Actas do 1.º Colóquio Internacional "*O Sistema Financeiro e Fiscal do Urbanismo*", Coord. FERNANDO ALVES CORREIA, Coimbra, Livraria Almedina, 2002, p. 25-29.

[209] Daí que, como nos dizem JORGE CARVALHO/FERNANDA PAULA OLIVEIRA, "*Perequação. Taxas e Cedências. Administração Urbanística em Portugal*", Coimbra, Livraria Almedina, 2003, p. 31-32, "em vez do princípio da legalidade, se fale hoje em dia do *princípio da juridicidade administrativa*".

[210] Cfr. FERNANDA PAULA OLIVEIRA, recensão das obras de PAOLO URBANI/STEFANO CIVITERESE M., "*Amministrazione e Privati nella Pianificazione urbanstica – Nuovi Moduli Convenzionali*", e de ROBERTO O. BUSTILLO BOLADO/JOSÉ RAMÓN CUERNO LLATA, "*Los Convénios Urbanísticos entre las Administraciones Locales y los Particulares*", *in* Revista do Centro de Estudos de Direito do Ordenamento, do Urbanismo e do Ambiente, Vol. 4, Ano II, n.º 2 de 1999, p. 114.

meios", entendemos ser possível concluir que, face às actuais necessidades – quer de recursos, quer de garantia do cumprimento constitucional da satisfação dos interesses gerais – por parte da Administração Urbanística Local, aliada à ideia da existência de um *Urbanismo Concertado* (referiram-se os *convénios urbanísticos* que se aplicam no actual regime jurídico dos instrumentos de gestão territorial à *execução dos planos urbanísticos*), o Direito do Urbanismo se deve traduzir num direito de intervenção dos directamente interessados também em outras etapas da actuação urbanística, como seja na *elaboração de figuras planificatórias de natureza urbanística*[211], sem contudo se descurarem os princípios e limites a elas aplicáveis[212].

---

[211] Neste sentido cfr., por exemplo, JOSÉ LUÍS CUNHA, "*A Participação dos Interessados na Elaboração dos Instrumentos de Gestão Territorial – Um Comentário à Recente Legislação Urbanística*", *in* Revista Jurídica do Urbanismo e do Ambiente, N.º 11/12, Junho/Dezembro de 1999, p. 85 e segs.; bem como as *notas conclusivas* de FERNANDA PAULA OLIVEIRA/DULCE LOPES, "*O Papel dos...*", ob. cit., p. 78-79.

[212] Sobre os princípios e limites relativos *v. g.* aos *contratos para planeamento* cfr. FERNANDA PAULA OLIVEIRA/DULCE LOPES, "*O Papel dos...*", ob. cit., p. 74-78; sobre os limites dos *convénios urbanísticos* em geral cfr. JOSÉ LÓPEZ PELLICER, "*Naturaleza, Supuestos...*", ob. cit., p. 109.

REFERÊNCIAS BIBLIOGRÁFICAS

Monografias em português:

1. AA. VV. – **A Execução dos Planos Directores Municipais**. Coimbra: Livraria Almedina, 1998.
2. AA. VV. – **Actas do 1.º Colóquio Internacional "O Sistema Financeiro e Fiscal do Urbanismo"**. Coimbra: Livraria Almedina, 2002.
3. AA. VV. – **Actas do 2.º Colóquio Internacional "Um Código de Urbanismo para Portugal?"**. Coimbra: Livraria Almedina, 2003.
4. AA. VV. – **Direito do Património Cultural**. [S. l.]: Instituto Nacional de Administração, 1996.
5. AA. VV. – **Direito do Urbanismo**. 2.ª ed. Oeiras: Instituto Nacional de Administração, 1990.
6. BOURDIEU, Pierre – **O Poder Simbólico**. 4.ª ed. Oeiras: DIFEL 82, 2001.
7. CAETANO, Marcello – **Princípios Fundamentais do Direito Administrativo**. 2.ª reimp. port. Coimbra: Livraria Almedina, 2003.
8. CANOTILHO, J. J. Gomes – **Protecção do Ambiente e Direito de Propriedade (Crítica de Jurisprudência Ambiental)**. Separata da Revista de Legislação e de Jurisprudência. Coimbra: Coimbra Editora, 1995.
9. CANOTILHO, J. J. Gomes; MOREIRA, Vital – **Constituição da República Portuguesa Anotada**. 3.ª ed. Coimbra: Coimbra Editora, 1993.
10. CANOTILHO, José Joaquim Gomes – **Estado de Direito**. Lisboa: Gradiva Publicações, 1999.
11. CARVALHO, Jorge; OLIVEIRA, Fernanda Paula – **Perequação. Taxas e Cedências. Administração Urbanística em Portugal**. Coimbra: Livraria Almedina, 2003.
12. CASTELLS, Manuel – **A Questão Urbana**. 1.ª reimp. São Paulo: Editora Paz e Terra, 2000.
13. CAUPERS, João – **Introdução ao Direito Administrativo**. 7.ª ed. Lisboa: Âncora Editora, 2003.
14. CHUECA GOITIA, Fernando – **Breve História do Urbanismo**. 5.ª ed. Lisboa: Editorial Presença, 2003.
15. CORDEIRO, António – **A Protecção de Terceiros em Face de Decisões Urbanísticas**. Coimbra: Livraria Almedina, 1995.
16. CORREIA, Fernando Alves – **As Grandes Linhas da Recente Reforma do Direito do Urbanismo Português**. Reimp. Coimbra: Livraria Almedina, 2000.
17. CORREIA, Fernando Alves – **Estudos de Direito do Urbanismo**. Coimbra: Livraria Almedina, 1998.
18. CORREIA, Fernando Alves – **Manual de Direito do Urbanismo**. Vol. I. Coimbra: Livraria Almedina, 2001.
19. CORREIA, Fernando Alves – **O Plano Urbanístico e o Princípio da Igualdade**. 2.ª reimp. Coimbra: Livraria Almedina, 2001.

20   CORREIA, Paulo V. D. – **Políticas de Solos no Planeamento Municipal**. Lisboa: Fundação Calouste Gulbenkian, 1993.
21   COSTA, António Pereira da – **Direito dos Solos e da Construção**. Braga: Livraria Minho, 2000.
22   DIAS, José Figueiredo; OLIVEIRA, Fernanda Paula – **Direito Administrativo**. Coimbra: Centro de Estudos e Formação Autárquica, 2001.
23   ESTORNINHO, Maria João – **A Fuga para o Direito Privado**. Coimbra: Livraria Almedina, 1996.
24   GARCIA, Maria da Glória Ferreira Pinto Dias – **Direito do Urbanismo. Relatório**. Lisboa: Lex, 1999.
25   GOMES, José Osvaldo – **Manual dos Loteamentos Urbanos**. 2.ª ed., Coimbra: Coimbra Editora, 1983.
26   GONÇALVES, Pedro – **O Contrato Administrativo. Uma Instituição do Direito Administrativo do Nosso Tempo**. Coimbra: Livraria Almedina, 2003.
27   LOBO, Manuel da Costa; CORREIA, Paulo V. D.; PARDAL, Sidónio Costa; LÔBO, Margarida Souza – **Normas Urbanísticas. Princípios e Conceitos Fundamentais**. Vol. I. Lisboa: Direcção-Geral do Ordenamento do Território/Universidade Técnica de Lisboa, 1990.
28   LÔBO, Margarida Souza – **Planos de Urbanização. A Época de Duarte Pacheco**. Porto: DGOTDU/FAUP Publicações, 1995.
29   LOUREIRO, Adolpho – **Os Portos Marítimos de Portugal e Ilhas Adjacentes**. Vol. III. Lisboa: Imprensa Nacional, 1906.
30   OLIVEIRA, Fernanda Paula – **As Licenças de Construção e os Direitos de Natureza Privada de Terceiros**. Separata dos Estudos em Homenagem ao Professor Doutor Rogério Soares do Boletim da Faculdade de Direito da Universidade de Coimbra, Studia Iuridica, Ad Honorem – 1. Coimbra: Coimbra Editora, 2001.
31   OLIVEIRA, Fernanda Paula – **Direito do Ordenamento do Território**. Coimbra: Livraria Almedina, 2002.
32   OLIVEIRA, Fernanda Paula – **Direito do Urbanismo**. 2.ª ed. (reimp.). Coimbra: Centro de Estudos e Formação Autárquica, 2002.
33   OLIVEIRA, Fernanda Paula – **Instrumentos de Participação Pública em Gestão Urbanística**. Coimbra: Centro de Estudos e Formação Autárquica, 2000.
34   OLIVEIRA, Fernanda Paula – **Reflexão Sobre Algumas Questões Práticas no Âmbito do Direito do Urbanismo**. Volume Comemorativo do 75.º Tomo do Boletim da Faculdade de Direito da Universidade de Coimbra. Coimbra: Coimbra Editora, 2003.
35   OLIVEIRA, Fernanda Paula – **Sistemas e Instrumentos de Execução dos Planos**. Coimbra: Livraria Almedina, 2002.
36   OLIVEIRA, Fernanda Paula Marques de – **As Medidas Preventivas dos Planos Municipais de Ordenamento do Território – Alguns Aspectos do seu Regime Jurídico**. Coimbra: Coimbra Editora, 1998.
37   REIS, João Pereira; LOUREIRO, Margarida – **Regime Jurídico da Urbanização e da Edificação**. 2.ª ed. Coimbra: Livraria Almedina, 2002.
38   SOARES, Rogério Ehrhardt – **Direito Administrativo**. Coimbra: Ed. Policopiada, 1978.
39   TÁVORA, Fernando – **Da Organização do Espaço**. 2.ª ed. (*fac-simile*). Porto: Edições do Curso de Arquitectura da ESBAP, 1982.

Monografias estrangeiras:

40   AA. VV. – **Cities in Transition**. Rotterdam: 010 Publishers, 2001.
41   AA. VV. – **Pianificazioni Territoriali e Tutela dell'Ambiente**. Torino: G. Giappicheli Ed., 2000.

42 BROHM, Winfried – **Öffentliches Baurecht. Baulanungs-Bauordenungs – und Raumordenungsrecht**. München: Beck, 1999.
43 COGNETTI, Stefano – **La Tutela delle Situazioni Soggetive tra Procedimenti e Processo (le Esperienze di Pianificazione Urbanística in Itália e in Germânia**. Perugia: Ed. Schientifiche Italiane, 1987.
44 DELGADO BARRIO, Javier – **El Control de la Discrecionalidad del Planeamiento Urbanístico**. Madrid: Ed. Civitas, 1993.
45 ESTÉVEZ GOYTRE, Ricardo – **Manual de Derecho Urbanístico**. Granada: Ed. Comares, 1999.
46 FERNÁNDEZ, Tomás-Ramón – **Manual de Derecho Urbanístico**. 16.ª ed. Madrid: Publicaciones Abella, 2001.
47 FONT, António; LLOP, Carles; VILANOVA, Josep Maria – **La Construcció del Territori Metroplità**. Barcelona: Área Metropolitana de Bacelona/Mancomunitat de Municip de Barcelona, 1999.
48 GARCÍA DE ENTERRÍA, Eduardo; PAREJO ALFONSO, Luciano – **Lecciones de Derecho Urbanístico**. 2.ª ed. Madrid: Editorial Civitas, 1981.
49 GARCÍA ERVITI, Federico – **Compendio de Arquitectura Legal. Derecho Profesional y Valoraciones Inmobiliarias**. Madrid: Librería Mairea y Celeste Ediciones, 2001.
50 GIANINI, Massimo Severo – **Il pubblico potere. Stati e amministrazioni pubbliche**. Bologna: Il Mulino, 1986.
51 LA BARBERA, Rosario – **L'Attività Amministrativa dal Piano al Progetto**. I. Padova: Casa Editrici Dott. Antonio Milani, 1990.
52 MANGUIN, David; PANERAI, Philippe – **Project Urbain**. Marseille: Éditions Parenthèses, 1999.
53 POWEL, Kenneth – **La Transformación de la Ciudad**. Barcelona: Leopold BLUME, 2000.
54 SCHMIDT-ASSMANN, Eberhard – **Grundfragen des Städtebaurechts**. Göttingen: Schwartz, 1982.
55 SOLÁ-MORALES I RUBIÓ, Manuel de – **Las Formas de Crecimiento Urbano**. Barcelona: Ediciones UPC, 1997.
56 SPANTIGATI, Federico – **Manual de Derecho Urbanístico**. Madrid: Montecorvo, 1973.

Publicações em série nacionais:

57 **Boletim da Faculdade de Direito da Universidade de Coimbra**. Vol. XLI (1965).
58 **Boletim da Faculdade de Direito da Universidade de Coimbra**. Vol. LIX (1983).
59 **Boletim da Faculdade de Direito da Universidade de Coimbra**. Vol. LXII (1986).
60 **Cadernos de Justiça Administrativa**. N.º 10 (Julho/Agosto 1998).
61 **Cadernos de Justiça Administrativa**. N.º 16 (Julho/Agosto 1999).
62 **Revista de Direito Público**. Ano III, n.º 6 (Julho/Dezembro 1989).
63 **Revista de Legislação e de Jurisprudência**. Ano 123.º, n.º 3794.
64 **Revista de Legislação e de Jurisprudência**. Ano 127.º, n.º 3845.
65 **Revista do Centro de Estudos de Direito do Ordenamento, do Urbanismo e do Ambiente**. N.º 4, ano II, n.º 2 (1999).
66 **Revista do Centro de Estudos de Direito do Ordenamento, do Urbanismo e do Ambiente**. N.º 5, ano III, n.º 1 (2000).
67 **Revista do Centro de Estudos de Direito do Ordenamento, do Urbanismo e do Ambiente**. N.º 7, ano IV, n.º 1 (2001).
68 **Revista do Centro de Estudos de Direito do Ordenamento, do Urbanismo e do Ambiente**. N.º 9, ano V, n.º 1 (2002).
69 **Revista do Centro de Estudos de Direito do Ordenamento, do Urbanismo e do Ambiente**. N.º 10, ano V, n.º 2 (2002).

70	**Revista do Centro de Estudos de Direito do Ordenamento, do Urbanismo e do Ambiente**. N.º 11, ano VI, n.º 1 (2003).
71	**Revista Jurídica do Urbanismo e do Ambiente**. N.º 1 (Junho de 1994).
73	**Revista Jurídica do Urbanismo e do Ambiente**. N.º 11/12 (Junho/Dezembro de 1999)
74	**Revista Jurídica do Urbanismo e do Ambiente**. N.º 20 (Dezembro 2003).
72	**Revista Jurídica do Urbanismo e do Ambiente**. N.º 3 (Junho de 1995)
75	**Sociedade e Território – Revista de Estudos Urbanos e Regionais**. N.º 4 (Maio de 1986).
76	**Sociedade e Território – Revista de Estudos Urbanos e Regionais**. N.º 12 (Maio de 1990).
77	**Sociedade e Território – Revista de Estudos Urbanos e Regionais**. N.º 22 (Setembro de 1995).
78	**Sociedade e Território – Revista de Estudos Urbanos e Regionais**. N.º 24 (Maio de 1997).
79	**Sociedade e Território – Revista de Estudos Urbanos e Regionais**. N.º 33 (Fevereiro de 2002).

Publicações em série estrangeiras:

80	**CIVITAS – Revista Española de Derecho Administrativo**. N.º 1 (Abril/Junio de 1974).
81	**Natur+Recht**. N.º 8 (1997).
82	**Revista de Derecho Urbanístico y Medio Ambiente**. N.º 146, año XXX (Enero-Febrero 1996).
83	**Revista de Derecho Urbanístico**. N.º 104, año XXI (Jul./Ago./Sep. de 1987).
84	**Revista de Derecho Urbanístico**. N.º 114, año XXIII (Julio/Agosto/Septiembre 1989).
85	**Revista de Derecho Urbanístico**. N.º 127, año XXVI (Marzo/Abril 1992).
86	**Revista de Derecho Urbanístico**. N.º 128, año XXVI (Mayo-Junio 1992).
87	**Rivista Giuridica dell'Ambiente**. N.º 2 (2001).
88	**Rivista Trimestrale di Diritto Pubblico**. N.º 3 (1998).
89	**Rivista Trimestrale di Diritto Pubblico**. N.º 23 (1973).
90	**Rivista Trimestrale di Diritto Pubblico**. N.º 35 (1985).
91	**Urbanística**. N.º 110 Gennaio-Giugno (1998).

Outras referências bibliográficas:

92	CAMPOS, Vítor – **A Concepção e Redacção dos Regulamentos de Urbanismo**. ICT – Informação Científica (Planeamento Urbano e Regional – INCGURPLAM 6). Lisboa,: Laboratório Nacional de Engenharia Civil, 1992.
93	OLIVEIRA, Fernanda Paula – **Urbanismo Comparado: O Paradigma do Modelo Alemão**. Texto apresentado na Conferência *"Ordenamento do Território e Revisão dos Planos Directores Municipais"*, realizada no Pequeno Auditório do Centro de Artes e Espectáculos da Figueira da Foz, a 8 e 9 de Julho de 2003.
94	PEREIRA, Teresa Craveiro – **PDM – Desenvolvimento e Necessidades Territoriais Concretas dos Habitantes e Instituições**. Texto apresentado na Conferência *"Ordenamento do Território e Revisão dos Planos Directores Municipais"*, realizada no Pequeno Auditório do Centro de Artes e Espectáculos da Figueira da Foz, a 8 e 9 de Julho de 2003.
95	SERRA, Pedro Cunha – **Direito das Águas**. Texto de apoio à disciplina de Direito das Águas do Curso de Pós-graduação em Direito do Ordenamento, do Urbanismo e do Ambiente, do CEDOUA, Coimbra, ano lectivo de 2002/03.